Johannes Grotzky
Jugoslawiens Weg in den Krieg

Johannes GROTZKY, Dr. phil. (*1949), Studium der Slawistik, Balkanologie und Geschichte Ost- und Südosteuropas in München und Zagreb. Weitere Studienaufenthalte in Belgrad, Sarajewo und Skopje. 1983-1989 ARD-Hörfunkkorrespondent in Moskau. 1989-1994 Balkankorrespondent und Leiter des ARD-Hörfunkstudios Südosteuropa in Wien. Anschließend Chefkorrespondent, Chefredakteur sowie 2002-2014 Hörfunkdirektor des Bayerischen Rundfunks.

Honorarprofessor für Osteuropawissenschaften, Kultur und Medien an der Universität Bamberg.

Bücher über Südosteuropa: *Balkankrieg: Der Zerfall Jugoslawiens und die Folgen für Europa* (1993). *Grenzgänge: Spurensuche zwischen Ost und West* (2010). *Fremde Nachbarn: Der Osten und Südosten Europas Ende des 20. Jahrhunderts* (²2012). *Rumänien: Untergang einer Diktatur* (²2020).

Johannes Grotzky

Jugoslawiens Weg in den Krieg

Zeitgenössische Berichte und Reportagen

BoD

Bibliografische Information der Deutschen Nationalbibliothek: Die Deutsche Nationalbibliothek verzeichnet diese Publikation in der Deutschen Nationalbibliografie; detaillierte bibliografische Daten sind im Internet über http://dnb.d-nb.de abrufbar.

Umschlaggestaltung: Swift Publisher
Herstellung und Verlag: BoD - Books on Demand , Norderstedt
Printed in Germany, ISBN 978-3-75347-978-1

INHALT

Vorweg ein Blick zurück...9

DER HERBST 1989 17
Slowenien wagt den ersten Schritt 20
Jugoslawischer Staatspräsident in Bonn.............................27
Der Schrecken der Inflation.......................................29
Pluralismus als Herausforderung...................................32

DAS JAHR 1990...35
Ein Parteitag des Zerfalls in Belgrad.............................37
Der erste Tag...38
Der zweite Tag...40
Der dritte Tag...41
Eklat am vierten Tag...45
Streitfall Kosovo 49
Die Armee in Jugoslawien...52
Wahlkampf in Kroatien 55
Sloweniens weiterer Weg...58
Was wird aus Titos Konzeption? 61

Ein Moment der Solidarität 63

Nationale Gegensätze 64

Schicksalsfrage Kosovo 66

Explosive nationale Frage 69

Serben in Kroatien 72

Verfassungsreformen in Jugoslawien 74

Ist Jugoslawien noch zu retten? 76

Slowenien stoppt Bundesgesetze 78

Historische Rückbesinnung 80

Erste Eskalation 83

Später Rettungsversuch aus Belgrad 86

Keine Chance für Jugoslawien? 88

Im kroatisch-bosnischen Grenzgebiet 92

Rückkehr von Ban Jelačić in Zagreb 94

Dramatische Warnung aus Belgrad 96

Nationale Euphorie - nationale Spannung 99

Wahlen in Makedonien 102

Sarajewo 104

Religion und Nation in Bosnien 106

Wahlkampf in Bosnien 108

Wahlen in Serbien und Montenegro 110

Die Staatskrise 114

Sloweniens Zukunft 118

Krisengespräch vertagt 120

Rückblick auf ein Schicksalsjahr 122

DAS FRÜHJAHR 1991 125

Krisengipfel erneut vertagt 127

Erfolgloses Bemühen 129

Kroatien befürchtet Militärintervention 131

Viele Retter, keine Bewahrer 133

Und wieder ein Krisengipfel 136

Gerüchte und Propaganda 138

Massendemonstration in Belgrad 140

Umstrittener Armeeinsatz 142

Die Position Serbiens 144

Dissens in Belgrad 146

Demokratie und Stabilität im Widerspruch 149

Rückblick und Zwischenbilanz 152

Rücktritt des Staatspräsidenten 158

Mitteilung der Armee 160

Kroatiens Präsident spricht von Krieg 162

Ultimative Warnungen der Armee 165

Versuch einer Konflikteindämmung 167

Streit um die Deutungshoheit 170

Kompromiss wird ausgehöhlt 172

Serben in Kroatien 174

Missbrauchte Geschichte 176

Ein Kroate an der Spitze Jugoslawiens? 178

Eklat im Staatspräsidium 181

Die politische Blockade 184

Die Krise wird vertagt 186

Was sagt die Verfassung? 188

Zorn und Ratlosigkeit 190

Referendum in Kroatien 192

Kroaten für die Unabhängigkeit 194

Slobodan Milošević 196

Franjo Tudjman 198

Militärische Kraftprobe in Slowenien 200

Die Armee gibt nach 202

Ultimative Zuspitzung in Kroatien 204

Aussichten auf eine Lösung? 206

Jugoslawien erwartet US-Außenminister 209

USA will Jugoslawien erhalten 211

Jubel in Slowenien 213

Niemand glaubt an Krieg 215

Erste Drohungen der Armee 217

Der Krieg beginnt..219

Schlussbemerkung 225

Dokumente 229

Die Bevölkerung Jugoslawiens 1991....................238

Literaturhinweise..241

Vorweg ein Blick zurück

Rückblickend werden Kriege in der Regel meist in der Zuordnung von Angreifern und Verteidigern, Opfern und Tätern, Verursachern und Leidtragenden dargestellt. Die Kriege in Slowenien, Kroatien, Bosnien-Herzegowina und später im Kosovo werden dabei nicht so sehr als Ausdruck einer Erosion des politischen Systems gesehen; vielmehr steht bei den meisten Betrachtungen der nationale Aspekt der Kriegsparteien im Vordergrund, denn die nationale Frage war zweifellos ein Motor, der den Zerfall Jugoslawiens beschleunigt hat.

Ob die nationale Frage auch zwangsläufig zu einem Krieg hätte führen müssen, wird nur sehr selten hinterfragt. Stattdessen empfinden sich die vom Konflikt betroffenen Völker Jugoslawiens aus der jeweiligen eigenen Sicht als Opfernation und betrachten die jeweils anderen als Täternation. Die neu gegründeten Nationalstaaten beharren auf diesem Narrativ, egal ob es sich um Kroatien, Serbien, Montenegro oder Kosovo handelt. In Bosnien-Herzegowina stehen drei Nationen gegeneinander und blockieren das Funktionieren ihres Kunststaates. Und in Makedonien, jetzt Nordmazedonien, steht die wachsende albanische Minderheit einer einheitlichen nationalstaatlichen Identität entgegen.

Noch während des Jugoslawienkrieges haben es zwei andere Völker im östlichen Mitteleuropa geschafft, ihren bis dahin gemeinsamen Staat aufzulösen und sich friedlich zu trennen. Aus der Tschechoslowakei entstanden am 1. Januar 1993 die Tschechische Republik und die Slowakische Republik. Anlass dafür war auch die nationale Frage, die aber auf der Grundlage gemeinsamer demokratischer Werte gelöst werden konnte – und dies, obwohl die vorherige kommunistische

Herrschaft in der Tschechoslowakei totalitärer war als in Jugoslawien.

Wie also kam es zu diesem Selbstvernichtungskrieg in Jugoslawien? Eine Antwort darauf geben heute Fachhistoriker, Politologen, Soziologen.[1] Journalisten hingegen berichten das aktuelle Geschehen, Tag um Tag, Stunde um Stunde. Sie können aber nicht vorhersehen, wie sich die Ereignisse entwickeln werden, die erst im Nachhinein von Fachhistorikern endgültig bewertet werden.

Journalisten liefern zwar Informationen als Bausteine für eine spätere Geschichtsschreibung. Sie selbst aber schreiben keine Geschichte. Das entlastet den Journalismus jedoch nicht von der Verantwortung, nach bestem Wissen und Gewissen Fakten genau zu recherchieren sowie vorschnelle Urteile oder gar Vorurteile zu vermeiden. Gleichwohl liefert auch der Journalist Erlebnisberichte, Reportagen und Kommentare, in denen er sich selbst und seine Sichtweise einbringt.

Von diesen Elementen, dem sachlich recherchierten Bericht sowie der Reportage und den Kommentaren, ist das vorliegende Buch geprägt. Es ist kein Buch über den Kriegsverlauf in Jugoslawien selbst. Vielmehr wird der damalige Weg des politischen Konfliktes in Jugoslawien bis zum Kriegsbeginn hin nachgezeichnet.[2] Ausgangspunkt ist die Verabschiedung einer neuen Verfassung in der nördlichsten Teilrepublik Slowenien am 27. September 1989. Darin wird die „Souveränität des slowenischen Volkes" verankert mit dem Recht auf Loslösung von Jugoslawien. Damit war der erste Stein aus dem Staatsgebäude Jugoslawiens herausgebrochen worden. Das Buch endet mit dem Kriegsbeginn am 27./28. Juni 1991, ebenfalls in Slowenien.

---

[1] Vgl. dazu das Kapitel *Literaturhinweise* S. 241 ff. in diesem Buch.

[2] Der aktuellen Tagesberichterstattung entsprechend, kommt es in einzelnen Kapiteln zu inhaltlichen Wiederholungen, die aber im jeweiligen Zusammenhang für das Verständnis notwendig sind.

Der Verfassungsänderung in Slowenien sind politische Entwicklungen vorausgegangen, die überhaupt erst den Wunsch nach einem Umbau des jugoslawischen Staates hervorgebracht haben. Das Jugoslawien von Josip Broz Tito (1892-1980) sollte eine ausgewogene Machtbalance zwischen allen Völkern und Völkerschaften unter dem Slogan „Brüderlichkeit-Einheit" *(Bratstvo-Jedinstvo)* garantieren. Dafür wurden aber innerstaatliche Grenzen gezogen, die nicht mit den ethnischen Siedlungsgrenzen vor allem der Kroaten und Serben übereinstimmten. Überdies vereinte das kommunistische Jugoslawien nach 1945 ehemalige Kriegsgegner aus dem Zweiten Weltkrieg in einem gemeinsamen Staat, nämlich den gescheiterten, faschistischen „Unabhängigen Staat Kroatien" mit jenen Landesteilen, die einen Partisanenkrieg gegen die deutschen Besatzer geführt hatten.

Als weitere Nation und eigene Teilrepublik wurde 1944/45 das südslawische Makedonien mit einer eigenen Nationalsprache konstituiert. Dies war seither ein Stein des Anstoßes für das ebenfalls slawische Bulgarien und das nordgriechische Makedonien. Die Bulgaren beanspruchten, dass es sich bei der neuen slawisch-makedonischen Sprache um Bulgarisch handele und es auch keine makedonische Nation gäbe. Griechenland wiederum akzeptierte nicht, dass sein historischer Anspruch auf Makedonien plötzlich von Tito und den slawischen Nachbarn im Norden vereinnahmt wurde. Letztlich boykottierten auch führende serbische Sprachwissenschaftler in Jugoslawien lange eine eigenständige makedonische Sprache, die für sie nichts anderes als ein südserbischer Dialekt war.

Ein zusätzlicher Konfliktherd der Gründerzeit von Titos Jugoslawien war das Kosovo, als autonome Provinz unter dem Namen Kosovo und Metohija geführt. In dieser Provinz liegen die serbisch-orthodoxen Klöster wie Gračanica, Dečani und vor allem das Patriarchenkloster Peć. Sie alle haben enorme Bedeutung für die historische Identität Serbiens.

Gleichzeitig ist das Kosovo stets ein multiethnisches Gebiet mit einem großen albanischen Siedlungskern gewesen.

Im Jahr 1948, drei Jahre nach Titos Staatsgründung, wird für das Kosovo ein albanischer Bevölkerungsanteil von 68 Prozent ausgewiesen gegenüber 27 Prozent Serben. Bis zum Kriegsbeginn in Jugoslawien 1991 hatte sich dieses Verhältnis deutlich zugunsten der Albaner verändert, die bereits 82 Prozent der Bevölkerung stellten gegenüber nur noch 11 Prozent Serben. Seit dem Kosovo-Krieg 1998/99 und der Gründung einer selbständigen Republik Kosovo ist bis 2007 – bei einem albanischen Anteil von 92 Prozent – der serbische Bevölkerungsanteil auf fünf Prozent gefallen.[3]

Nach dem Tod Titos 1980 sollte ein ausgewogenes Rotationssystem für die Beteiligung aller Teilrepubliken und autonomen Gebiete an der zentralen Machtausübung sorgen. Die einzige parteipolitische Dachorganisation dafür war der Bund der Kommunisten Jugoslawiens *(Savez komunista Jugoslavije)*. Doch parallel zu dem Zusammenbruch der kommunistischen Systeme und den ersten freien Wahlen in Mittel- und Südosteuropa 1989/1990 (Polen, Tschechoslowakei, Ungarn, Rumänien, Bulgarien) entwickelte sich in Jugoslawien eine politische Asymmetrie. In Slowenien und Kroatien, später auch in Bosnien-Herzegowina und Makedonien lösten Mehrparteiensysteme die kommunistische Alleinherrschaft ab, während Serbien und Montenegro dem „Bund der Kommunisten", teilweise später in „Sozialisten" umbenannt, auch bei den ersten freien Wahlen mehrheitlich die Treue hielten.

---

[3] Quelle ist die serbische Wikipedia-Seite unter Berufung auf die Statistik der Provinz Kosovo und Metohija (bis 1991) sowie der OSCE unter https://sr.wikipedia.org/wiki/%D0%94%D0%B5%D0%BC%D0% BE%D0%B3%D1%80%D0%B0%D1%84%D0%B8%D1%98%D0%B 0_%D0%9A%D0%BE%D1%81%D0%BE%D0%B2%D0%B0_%D0% B8_%D0%9C%D0%B5%D1%82%D0%BE%D1%85%D0%B8%D1% 98%D0%B5 (Aufruf 21.1.2021).

Der starke Mann in jener Zeit wurde der serbische Parteichef und später auch Präsident der Teilrepublik Serbien Slobodan Milošević. Er galt als der entscheidende machtpolitische Drahtzieher im Jugoslawienkonflikt, weswegen er später auch vor dem Internationalen Strafgerichtshof für das ehemalige Jugoslawien in Den Haag angeklagt wurde.[4]

Die politische Einschätzung von Milošević ist vielschichtig. Er instrumentalisierte die serbische Frage zwar politisch, unter anderem mit einer nie unzweideutig dokumentierten Rede[5] auf dem *Kosovo polje* (Amselfeld) am 28. Juni 1989 zum 600. Jahrestag der Schlacht auf dem Amselfeld. Diese Schlacht führte zum Kosovo-Mythos, der die Serben als Opfer der osmanischen Besatzung auf dem Balkan würdigt. Milošević nahm diesen Gedanken auf mit der Zielrichtung, dass die „Zeit der damaligen Erniedrigung für Serbien abgelaufen ist". Gleichwohl bekannte sich Milošević zum multiethnischen Staat als Vorteil für die Gesellschaft.[6]

Es war immer zu simpel, in Milošević einfach den kämpferischen serbischen Nationalisten zu sehen. Seine national-serbische Argumentation wurde kontrastiert von einer parallelen Haltung des späteren kroatischen Präsidenten Franjo Tudjman und auch des bosnischen Präsidenten Alija Izetbegović. Stattdessen übertrafen die – teilweise vom Westen hofierten – serbischen Politiker Vuk Drašković und Vojislav Šešelj mit ihrer nationalistischen Agitation den serbischen Präsident Milošević bei weitem. Doch der machtpolitische Wille von Milošević wurde lange unterschätzt.

---

[4] Gegen Milošević wurden 66 Klagepunkte in drei Anklageschriften vorgebracht. Am 11. März 2006 wurde er in seiner Gefängniszelle in der *United Nations Detention Unit* in Den Haag tot aufgefunden, laut Obduktion ein Herzinfarkt. Daraufhin wurde das Verfahren gegen ihn nach viereinhalb Jahren ohne Urteil und ohne Abschlussbericht eingestellt.

[5] https://de.wikipedia.org/wiki/Amselfeld-Rede (Aufruf 18.1.2021).

[6] ebd.

Die Tragik des Jugoslawienkonfliktes bestand unter anderem darin, dass die europäischen Nachbarn und auch die USA um jeden Preis den Gesamtstaat in der Konzeption von Tito erhalten wollten, ohne die politische Asymmetrie und die machtpolitische Entschlossenheit des serbischen Präsidenten zu erkennen. Denn die Auflösung der autonomen Gebiete in Serbien durch Milošević, die Entmachtung seiner Gegner, die Gleichschaltung der Medien – dies alles wurde kaum wahrgenommen.

Ein weiterer tragischer Aspekt war die Verweigerung der damaligen Europäischen Gemeinschaft und der Pentagonale[7], jene Mehrheit von Teilrepubliken (Slowenien, Kroatien, Bosnien-Herzegowina, Makedonien) zu unterstützen, die zwar Jugoslawien erhalten wollten, aber nicht als Bundesstaat (Föderation), sondern als Staatenbund (Konföderation). Bei diesem Prozess hätte sich eine Moderation der EG wie auch der KSZE (Konferenz für Sicherheit und Zusammenarbeit in Europa) angeboten.

Ein dritter Aspekt ist ganz sicher die Überforderung Europas durch den fast zeitgleichen Zusammenbruch der kommunistischen Regime in Mittelosteuropa und durch die Folgen der Perestrojka in der Sowjetunion unter Michail Gorbatschow gewesen. Man muss daran erinnern, dass nur eineinhalb Monate nach dem Kriegsbeginn in Jugoslawien 1991 in Moskau der August-Putsch gegen Michail Gorbatschow stattfand, der die Welt in Atem hielt, zum politischen Sturz von Gorbatschow und vier Monate später zur Auflösung der Sowjetunion geführt hat.

---

[7] Erhard Busek, österreichischer Vizekanzler, initiierte im Herbst 1989 eine Kooperation der fünf Staaten Italien, Jugoslawien, Ungarn, Tschechoslowakei und Österreich als Antwort auf die politische Wende in Mittelosteuropa.

Diese dramatischen Vorgänge hatten kaum Aufmerksamkeit gelassen für die doch sehr schwer zu verstehenden innenpolitischen Abläufe. Davon waren einerseits sechs Teilrepubliken und zwei autonome Gebiet betroffen sowie andererseits das Staatspräsidium, die Bundesregierung in Belgrad sowie die jugoslawische Armee.

Zur Illustration dieser schwierigen Sachlage sind dem Buch zwei Dokumente beigefügt:

Ein Aufruf des Oberkommandos der Armee vom März 1991, also drei Monate vor dem Kriegsausbruch, der zeigt, wie Jugoslawien – trotz gegenteiliger Beteuerung – kurz vor einer möglichen Machtübernahme durch die Armee stand. Und ein danach folgender, eher verzweifelter Aufruf des Staatspräsidiums sechs Wochen vor Kriegsausbruch, mit dem der bereits schwelende innenpolitische Konflikt mit Hilfe der Armee wieder eingedämmt werden sollte.

Zwei Zeitungstitel aus Slowenien und Kroatien sind ebenfalls beigefügt. Sie verkünden die Unabhängigkeitserklärungen, die zwei Tage später von der jugoslawischen Armee mit einem militärischen Eingreifen beantwortet wurden.

Die hier dokumentierten Texte wurden als Beiträge und Reportagen für die öffentlich-rechtlichen Hörfunkprogramme der ARD verfasst. Sie sollen drei Jahrzehnte nach dem Kriegsbeginn in Jugoslawien daran erinnern, was damals von vielen nicht wahrgenommen wurde: Konflikte und Kriege entstehen nicht über Nacht. Doch für diese Erkenntnis ist es im Nachhinein oft zu spät.

Dem Leser wird auffallen, dass zwei so entscheidende Personen wie der bosnische Serbenführer Radovan Karadžić und der bosnisch-serbische General Ratko Mladić in diesen Berichten nicht vorkommen. Sie sind politisch und militärisch erst später in Erscheinung getreten, waren dann aber bis 1995 beherrschende Figuren des Bosnien-Krieges. Dafür wurden sie vor dem Internationalen Strafgerichtshof für das ehemalige Jugoslawien angeklagt.

Allerdings gelang es ihnen, sich viele Jahre den Ermittlern zu entziehen. So konnten Radovan Karadžić[8] erst dreizehn Jahre und Ratko Mladić[9] erst 16 Jahre nach Beendigung des Bosnienkrieges gefasst, nach Den Haag ausgeliefert und vor Gericht gestellt werden.

---

[8] Der studierte Psychiater Karadžić hatte nach dem Krieg sein Erscheinungsbild stark verändert und lebte bis zu seiner Verhaftung unter dem Decknamen Dragan David Dabić unbehelligt in der jugoslawischen Hauptstadt Belgrad, wo er in einer Praxis für alternative Medizin beschäftigt war. Seine neue Identität hatte er von einem serbischen Bauern mit dessen Papiern übernommen. Am 21. Juli 2008 wurde Karadžić verhaftet. Vgl. https://de.wikipedia.org/wiki/Radovan_Karad%C5%BEi%C4%87 (Aufruf am 8.3.2021).

[9] General Mladić soll sich zunächst einige Jahre auf der Flucht in Serbien, der bosnisch-serbischen Republika Srpska und in Russland befunden haben, ehe er bis 2002 unbehelligt bei seinem Sohn in Belgrad gelebt hat. Anschließend sollen ihm bis zu 130 Sympathisanten – vor allem aus der ehemaligen jugoslawischen Armee – mit weiteren Verstecken geholfen haben. 2010 beantragte seine Familie – mutmaßlich zur Ablenkung – eine gerichtliche Todeserklärung für Mladić.
Die USA hatten ein Kopfgeld von 5 Mio. Dollar und die serbische Regierung ein Kopfgeld von 10 Mio. Euro auf Mladić ausgesetzt. Am 26. Mai 2011 wurde er in Lazarevo, Serbien, verhaftet.
Vgl. https://de.wikipedia.org/wiki/Ratko_Mladi%C4%87 (Aufruf 8.3.2021).

Der Herbst 1989

26. Februar 1989 Einsatz der paramilitärischen Bundespolizei, später unterstützt durch Panzereinheiten der Armee, gegen Albaner im Kosovo, die zugunsten des entmachteten Kosovo-Parteichefs Azem Vllasi demonstrieren.

28. Februar 1989 Gegendemonstration von einer Million Serben gegen den „albanischen Nationalismus" im Kosovo. Belgrad verhängt Ausnahmezustand im Kosovo.

2. März 1989 Beginn einer Verhaftungswelle im Kosovo. Dabei wurde auch der gestürzte kommunistische Parteichef des Kosovo Azem Vllasi festgenommen.

28. März 1989 Neue serbische Verfassung schränkt die Autonomierechte der Provinzen Vojvodina und Kosovo ein.

8. Mai 1989 Slobodan Milošević wird Präsident der Teilrepublik Serbien.

28. Juni 1989 Amselfeld-Rede von Slobodan Milošević.

27. September 1989 Die neue Verfassung Sloweniens spricht von der „Souveränität des slowenischen Volkes" und verankert das Recht auf Loslösung von Jugoslawien.

1./2. November 1989 Neue Zusammenstöße im Kosovo mit ersten Toten.

12. November 1989 Slobodan Milošević wird bei der ersten Direktwahl als Präsident der Republik Serbien bestätigt.

Slowenien wagt den ersten Schritt

27. September 1989

In der jugoslawischen Teilrepublik Slowenien soll heute der politische Aufstand geprobt werden. Trotz ernsthafter Warnungen der Zentralregierung aus Belgrad wollen die Slowenen ihre Verfassung ändern. Die jetzt vorgesehene Änderung würde Slowenien erlauben, aus dem Bundesstaat Jugoslawien auszutreten und sich einem anderen Staatenverband anzuschließen. Die umstrittene Formulierung sieht wörtlich vor „das unverzichtbare Recht auf Selbstbestimmung, die auch das Recht auf Abtrennung und Zusammenschluss beinhaltet."

Die Slowenen betrachten dies als eine Schutzmaßnahme gegen zunehmende Zentralisierungstendenzen in Jugoslawien. Sie fordern ein neues Recht auf Selbstbestimmung des slowenischen Volkes. Die Abgrenzung gegen die Zentrale in Belgrad wird auch in den anderen geplanten Zusätzen zur Verfassung deutlich. So soll die Verfassung künftig der slowenischen Regierung erlauben, Schutzmaßnahmen gegen Beschlüsse der Bundesregierung zu ergreifen, wenn deren zentrale Beschlüsse die slowenischen Interessen beeinträchtigen könnten.

Eine weitere Provokation Belgrads, aber auch eine Verletzung der jugoslawischen Bundesverfassung, ist die Forderung der Slowenen, dass nur ihr eigenes regionales Parlament den Notstand verhängen oder Sondermaßnahmen beschließen kann und nicht mehr die Zentralregierung. Die entscheidende Sitzung, in der die slowenische Verfassung in diesem Sinn geändert werden soll, tritt heute in der slowenischen Hauptstadt Ljubljana zusammen, obwohl noch bis zum späten Abend aus Belgrad massive Warnungen und Vorbehalte zu hören waren.

***

Als am frühen Morgen das Zentralkomitee der jugoslawischen Kommunisten die anstehende Verfassungsreform kritisierten und verlangten, die Abstimmung darüber auszusetzen, waren die 268 slowenischen Abgeordneten fest entschlossen, sich dem Urteil der Zentrale nicht zu beugen. Drei Jahre lang ist die Verfassungsreform, vorbereitet worden, drei Monate dauerte bereits die aktuelle, politische Debatte. Die Slowenen machen geltend, dass in jüngster Zeit eine unzulässige Zentralisierung unter serbischer Führung in Jugoslawien um sich greife.

Der slowenische Parteichef Milan Kučan beschuldigte die serbische Führung, sich für eine Abschaffung der Souveränität der Teilrepubliken einzusetzen. Die letzte Nachtsitzung des Belgrader Zentralkomitees der Kommunistischen Partei (Bund der Kommunisten Jugoslawiens) und die Debatte im slowenischen Parlament zeigen, das im post-titoistischen Jugoslawien der Riss innerhalb der Kommunisten und zwischen den Republiken noch nie so tief war wie heute.

***

Stürmischer Beifall der slowenischen Abgeordneten brauste auf, als ihr Parlamentspräsident mit Entschiedenheit den politischen Druck aus Belgrad zurückwies. Die Slowenen, so sagte er, seien fest entschlossen, ihre umstrittene Verfassungsänderung durchzusetzen. Doch statt einer zügigen Abstimmung kam es erneut zu einer stundenlangen Debatte um die Reform, die sich nach Meinung der Kritiker als Sprengstoff für die Einheit Jugoslawiens erweisen kann.

In einem anderen Punkte hatte Slowenien schon vorher eingelenkt. Ursprünglich wollte die Teilrepublik über den Einsatz der jugoslawischen Armee auf dem Territorium Sloweniens selbst entscheiden. Aber auch die abgeschwächte Form rief in Belgrad heftige Kritik hervor: Die Slowenen halten weiter daran fest, dass niemand ohne Zustimmung des slowenischen Parlaments den Ausnahmezustand erklären dürfe. Dies aber ist laut Bundesverfassung das Recht des jugoslawischen Staatspräsidiums in Belgrad.

***

28. September 1989

Protestdemonstrationen und Jubelbeflaggung kennzeichnen das widersprüchliche Bild eines tiefen Konfliktes in Jugoslawien nach der Verfassungsreform in der Teilrepublik Slowenien. Das Belgrader Fernsehen berichtete von teilweise Zehntausenden, die als Protest gegen den – wie es heißt – beginnenden Separatismus in Slowenien auf die Straße gegangen seien. Umgekehrt wurde in mehreren slowenischen Gemeinden die Bevölkerung nach der erfolgreichen Abstimmung dazu aufgerufen, aus Freude über die Verfassungsänderungen ihre Häuser zu beflaggen.

Nahezu einstimmig hatten sich alle Kammern des slowenischen Parlaments für die lange diskutierte Verfassungsreform ausgesprochen. Unter den insgesamt 258 Abgeordneten gab es lediglich eine Enthaltung und eine Neinstimme. In der slowenischen Hauptstadt Ljubljana sprach man von einer historischen Stunde. Kernpunkt des jugoslawischen Konfliktes ist jedoch nicht so sehr das nun verbriefte Recht Sloweniens, aus dem jugoslawischen Bundesstaat austreten zu können. Ein solches Recht ist zum Beispiel auch in der Verfassung der benachbarten Teilrepublik Kroatien garantiert.

Die Belgrader Zentrale ist vielmehr über zweierlei empört:

Zum einen über die Tatsache, dass sich Slowenien offen gegen die Bundesverfassung stellt. Und zwar mit dem Anspruch, dass der Ausnahmezustand und die damit zusammenhängenden Maßnahmen nur vom slowenischen Parlament genehmigt werden können. Dies ist bislang das verbriefte Vorrecht der Bundesregierung, die wiederum in den Augen der Slowenen dieses Recht beispielsweise bei der Niederschlagung der nationalen Unruhen im Kosovo missbraucht hat.

Der zweite Punkt, über den sich Belgrad so sehr aufregt, ist die internationale Medienwirksamkeit, die Slowenien nun zu einem Vorreiter der politischen Liberalisierung und des Kampfes gegen serbische Zentralismusbestrebungen macht. Entsprechend hat sich der Konflikt auch innerhalb der Kommunistischen Partei verschärft, die in Jugoslawien *Bund der Kommunisten* heißt.

Als Politik der Nadelstiche wird auch empfunden, dass die Verfassungsreform in Slowenien den nationalen Minderheiten von Italienern und Ungarn autonome Rechte einräumt. "Was aber ist mit den Serben, die in Slowenien leben und arbeiten?", so wird gegen diesen Minderheitenschutz polemisiert. Denn Slowenien bietet als eine Insel des Wohlstandes Arbeitsplätze für viele Einwohner aus anderen Teilen Jugoslawiens. Obwohl der Anteil der Slowenen in Jugoslawien nur acht Prozent an der Gesamtbevölkerung ausmacht, erarbeitet die Teilrepublik zwanzig Prozent des gesamten Nationaleinkommens und sogar 25 Prozent des gesamten jugoslawischen Exportes.

Daher will Slowenien die Verfassungsreform nutzen, um auch außenwirtschaftlich flexibler zu sein, um gegebenenfalls nach 1992 enger mit der Europäischen Gemeinschaft kooperieren zu können.

***

29. September 1989

Durch die Verfassungsreform in Slowenien ist die Frage nach dem politischen Wesen des jugoslawischen Staates aufgeworfen worden. Die Ideale der Ära Tito unter dem Schlagwort *Bratstvo-Jedinstvo, Brüderlichkeit-Einheit,* hatten spätestens mit dem Tod des Staatsführers einen erheblichen Teil ihrer Wirkung eingebüßt. Denn zu sehr war der Zusammenhalt des Landes von der Figur des Partisanenführers in der Rolle eines jugoslawischen Übervaters und Präsidenten auf Lebenszeit, Josip Broz Tito, geprägt worden – und auch von ihm abhängig gewesen.

Insgeheim jedoch pflegten die meisten der sechs Teilrepubliken sowie die autonome Provinz Kosovo ein nationalgeschichtliches Selbstbewusstsein, das im Grunde auch nach einer eigenen Staatlichkeit verlangte. Der Wunsch nach mehr Souveränität der einzelnen jugoslawischen Völker wurde dann mit zunehmenden Wirtschaftsproblemen immer lauter.

Schon zu Beginn der 1970iger Jahre hatte die nationalkroatische Bewegung in der Nachbarrepublik zu Slowenien mit dem sogenannten *Kroatischen Frühling (Hrvatsko proljeće)* für eine heftige Erschütterung im Land gesorgt. Damals wurde bereits das Solidarprinzip des jugoslawischen Bundesstaates in Abrede gestellt und als nachteilig für die besser entwickelten Gebiete empfunden.

Nur: damals lebte noch Tito. Und sein massives Eingreifen in die kroatischen Partei- und Republikführung, sein Säuberungsprozess unter den sogenannten separatistischen Kadern, erzwang deren Bekenntnis zum kommunistischen Jugoslawien.

Heute ist die Lage qualitativ anders. Jugoslawien leidet unter drückenden Auslandsschulden, einer unvorstellbaren Inflation und hoher Arbeitslosigkeit. Heute gibt es keine gesamtjugoslawische Integrationsfigur mehr. Heute gibt es nationale Führer, die gerade unter dem Anspruch einer Nationalität ganz Jugoslawien führen wollen. Die schwierigste Rolle spielt dabei der Bund der Kommunisten Serbiens unter Führung von Slobodan Milošević. An der leidigen Sprachenfrage ist – wie immer schon – sichtbar, dass der Weg zu einer stärkeren Differenzierung anstatt zu einer größeren Einheit führt. Was mit viel Mühe als gemeinsame serbokroatische Sprache seit

1945 normiert wurde, muss nun auf politischen Vorgaben hin wieder von den Wissenschaftlern in Kroatisch und Serbisch auseinanderdefiniert werden.[10]

Was von vielen als „großserbischer Anspruch" empfunden wird, ist in der Tat bereits die inhaltliche Aufkündigung eines Bundesstaates mit gleichberechtigten Teilrepubliken und der Etablierung einer paradoxen Variante, nämlich einen selektiven Zentralismus zu betreiben. Genau hierzu bilden die Slowenen das Gegengewicht, indem sie mit dem Pochen auf Souveränität zwar das ursprüngliche jugoslawische Konzept stark konterkarieren, sich dazu aber durch die jüngste Entwicklung gezwungen fühlen. Auch hier spielt die Unterstreichung einer wiederum eigenen, slowenischen Sprache eine nicht unerhebliche Rolle für die nationale Identität der Slowenen. Es liegt jedoch in der politischen Logik, dass Slowenien mit seiner Reform nicht Verursacher der Auseinandersetzung ist, sondern konsequenterweise den Versuch wagt, für sich zu retten, was zu retten ist.

Als drohendes Fernziel schwebt über solchen politischen Diskussionen die Angst vor einem Zerfall des jugoslawischen Staates. Die betrübliche Erkenntnis daraus lautet: Das Solidarprinzip eines selbstverwalteten Jugoslawiens geht verloren. Insofern haben beide Seiten, Kritiker und Befürworter der slowenischen Verfassungsreform, Recht, wenn sie von einer historischen Zäsur sprechen.

---

[10] Vgl. Grotzky, Johannes: Anmerkungen zu Desintegration und Neunormierungen im serbisch-kroatischen Sprachgebiet. In: Im Rhythmus der Linguistik: Festschrift für Sebastian Kempgen zum 65. Geburtstag. Hrsg. von Anna-Maria Meyer und Ljiljana Reinkowski unter Mitarbeit von Alisa Müller. *Bamberger Beiträge zur Linguistik*. Band 16, 2017, S. 201-226.

Seit heute Nacht gelten in der jugoslawischen Teilepublik Slowenien Sondermaßnahmen, mit der die Bewegungsfreiheit im Land erheblich eingeschränkt wird. Damit will sich Slowenien gegen den Zustrom demonstrierender Serben schützen, die sich zu Tausenden für ein sogenanntes Wahrheits-Meeting in die slowenische Hauptstadt Ljubljana begeben wollten. Mit seinen Schutzmaßnahmen hat Slowenien praktisch seine innerjugoslawischen Republikgrenzen geschlossen.

Der Hintergrund dieses Konfliktes ist ein Streit um das serbische Vorgehen in der Provinz Kosovo, die überwiegend von Albanern bewohnt ist. Slowenien hatte mehrfach das serbische Durchgreifen gegenüber diesen Albanern heftig kritisiert, unter anderem mit dem Vorwurf, die Serben verhielten sich gegenüber den Albanern wie Nazideutschland gegenüber den Juden. Auch der Prozess gegen den albanischen Parteichef vom Kosovo Azem Vllasi, der für nationale Unruhen in seiner Provinz verantwortlich gemacht wird, ist von Slowenien als politischer Prozess verurteilt worden.

Nach Verhängung der slowenischen Sondermaßnahmen aufgrund einer umstrittenen Verfassungsänderung hat der Innenminister in Belgrad offiziell davor gewarnt, dass Slowenien nun mit Gewalt gegen mögliche Demonstranten vorgehen werde. Die Sozialistische Allianz Serbiens, ein Dachverband der Partei und gesellschaftlicher Gruppen, hat das slowenische Verhalten als einen „ungeahnten Angriff auf Menschenrechte und Menschenfreiheit" verurteilt und zu einem totalen Boykott der nördlichen Teilrepublik aufgerufen. Gleichzeitig hat die Wirtschaftskammer in Belgrad alle Firmen aufgefordert, ab sofort alle geschäftlichen Beziehungen mit Slowenien abzubrechen. Einige Organisatoren der geplanten Demonstration haben daraufhin bereits ihre Fahrt nach Ljubljana abgesagt.

Jugoslawischer Staatspräsident in Bonn

3. Dezember 1989

Fünfzehn Jahre hat es gedauert, bis nach Josip Broz Tito wieder ein jugoslawischer Staatspräsident Bonn besucht. Doch diese Visite wird von innen- und außenpolitischen Ereignissen überlagert.

Die Reformen in Osteuropa haben die Aufmerksamkeit des Westens weitgehend von Jugoslawien abgelenkt, obwohl der Vielvölkerstaat auf dem Balkan ebenfalls in einem angespannten Prozess wirtschaftlicher und politischer Reformen steht. Stattdessen gilt Jugoslawien, besonders seit dem jüngsten Aufflammen des Nationalitätenkonfliktes, als ein Land, das sich nicht einmal auf eine gemeinsame föderative Struktur einigen kann. Noch krasser sind die Probleme zu Tage getreten, seit innerhalb des Landes von Belgrad gegen die nördliche Teilrepublik Slowenien ein Wirtschaftsboykott verhängt worden ist.

Das Pikante an dem Staatsbesuch ist nun, dass der amtierende Präsident, der im Rotationssystem nur ein Jahr im Amt bleibt, derzeit der Slowene Janez Drnovšek ist. Er wird sich in Bonn die Frage gefallen lassen müssen, wen er repräsentiert – seine boykottierte Heimatrepublik Slowenien oder den Rest Jugoslawiens. In Belgrad selbst ist man bemüht, nach außen Normalität zu demonstrieren. Deshalb wird der jugoslawische Präsident auch nicht schlicht als Bittsteller für neue Kredite in Bonn auftreten, sondern für mehr Kapitalanlagen in gemischten Unternehmen werben, um die Wirtschaftsreform zu beschleunigen. Bonn soll sich auch für eine stärkere Berücksichtigung Jugoslawiens in der EG und im Europarat einsetzen.

Das Land möchte angesichts der westeuropäischen Hilfsbereitschaft gegenüber Ungarn und Polen nicht ins Hintertreffen geraten. Überdies argumentiert Jugoslawien mit engen Bindungen an die Bundesrepublik, allein schon durch sechshunderttausend Gastarbeiter. Umgekehrt kommen jährlich 2,8 Millionen Bundesbürger als Touristen nach Jugoslawien. Angesichts dieser Kontakte erscheint es heute noch für die Belgrader Regierung unverständlich, dass die Bundesrepublik die Wiedereinführung der Visumspflicht für jugoslawische Staatsbürger erwogen hat. Hierzu dürfte der jugoslawische Präsident ein endgültiges, klärendes Wort erwarten. Anlass zu dieser Debatte waren bundesdeutsche Befürchtungen, aus Jugoslawien kämen zu viele Asylbewerber. Schlimmer ist für Belgrad der Vorwurf, der auch aus Slowenien unterstützt wird, man veranstalte als einziges europäisches Land noch politische Prozesse.

Der Kampf gegen die Kosovo-Albaner, von Serbien nicht gerade mit zarter Hand geführt, verlieh diesem Vorwurf brisante Aktualität. Entsprechend deutlich äußerte sich Bundespräsident von Weizsäcker jetzt im jugoslawischen Fernsehen mit dem Hinweis: jeder müsse die Möglichkeiten haben, zu Hause nicht von anderen beherrscht zu werden. Denn alle gewaltsamen Unterdrückungsmaßnahmen – so mahnte der Bundespräsident – schlagen früher oder später zurück.

18. Dezember 1989 Radikale Wirtschaftsreform. Abwertung der Landeswährung Dinar 1: 10.000.

Der Schrecken der Inflation

18. Dezember 1989

Wer in Jugoslawien einen Auslands-Scheck über zweihundert Deutsche Mark (DM) einlösen will, überfordert die Bankcomputer. Sie müssen für den Gegenwert in Landeswährung – das sind 13 Millionen Dinar – zwei Belege ausdrucken, weil der Kassenausdruck so große Zahlen nicht mehr wiedergibt. Bis zum Jahresende wird Jugoslawien mit einer Inflationsrate von weit über zweitausend Prozent aufwarten. Ein Rettungsversuch der heimischen Wirtschaft soll nun im Parlament von Belgrad eingeleitet werden.

Mit drastischen Maßnahmen muss die Regierung Marković die Kompetenzen der jugoslawischen Bundesregierung erweitern, um wirtschaftliche Notstandsmaßnahmen durchsetzen zu können. Doch damit werden die Interessen der einzelnen Republiken berührt, die wegen des politischen und wirtschaftlichen Gefälles im Land immer mehr eigene Wege gehen. Dies zeigten bereits die Parteitage der Kommunisten in den beiden Republiken Kroatien sowie Bosnien-Herzegowina, die sich für ein Mehrparteiensystem aussprachen. Die nördlichste Republik Slowenien hat bereits die Zulassung weiterer Parteien verfassungsrechtlich in die Wege geleitet.

Als Monolith zentralistischer Einparteienherrschaft galt dagegen bislang Serbien. Doch auch hier zeigten sich am Wochenende auf dem serbischen Parteitag in Belgrad erste Hinweise auf eine mögliche Veränderung der politischen Landschaft. „Der Bund der Kommunisten Jugoslawiens legt keinen Wert auf ein politisches Monopol", sagte der wiedergewählte serbische Parteichef Bogdan Trifunović und fuhr fort: „Seine

Rolle in der Gesellschaft muss nicht durch die Verfassung garantiert werden." Allerdings ist fraglich, ob die serbischen Kommunisten wirklich mehrere Parteien zulassen wollen.

In dieser unentschiedenen Lage erscheint es fast aussichtslos, ein brauchbares Wirtschaftsprogramm durchzusetzen. Derzeit können vom Parlament in Belgrad drei wichtige Wirtschaftsgesetze nicht verabschiedet werden, weil einzelne Republiken jeweils unterschiedliche Einwände geltend machen. Aus Verärgerung über slowenische Alleingänge in Sachen Verfassungsreform praktiziert die serbische Wirtschaft auch noch einen innerjugoslawischen Boykott gegenüber der nördlichen Republik.

Die Bevölkerung hat sich längst umorientiert. Sie vertraut nicht mehr der Landeswährung. Handwerker und Fabriken, Privatleute und Bauern nutzen untereinander die Deutsche Mark (DM) als Verrechnungseinheit. Selbst die Preisschilder auf jugoslawischen Viehmärkten, die den Kühen und Ochsen um den Hals hängen, nennen den Verkaufspreis in DM.

19. Dezember 1989

Mit einem finanzpolitischen Kraftakt will Jugoslawien seiner Jahresinflation von mehr als zweitausend Prozent entgegensteuern. Die Regierung Marković legte in Belgrad ein wirtschaftliches Notstandsprogramm vor, dessen Kern ein erheblicher Währungsschnitt ist. Demnach wird der jugoslawische Dinar eins zu zehntausend abgewertet. Der neue Dinar soll gleichzeitig voll konvertibel sein und wird in seinem Wert an die DM gebunden.

Im Klartext bedeutet dies, dass ein neuer konvertierbarer Dinar soviel Wert ist wie zehntausend alte Dinar. Der neue Dinar steht zur DM im gleichen Währungsverhältnis wie beispielsweise der österreichische Schilling. Also sieben Dinar entsprechen einer westdeutschen Mark. Diese Maßnahme wird für ein halbes Jahr festgeschrieben. Während die Löhne weitgehend eingefroren werden, will Jugoslawien an der freien Preisbildung festhalten. Damit soll die Inflation auf 13 Prozent gedrückt werden. Die jugoslawische Regierung glaubt, dem Land diese Radikalkur verschreiben zu können, weil Währungsreserven von fast sechs Milliarden Dollar zur Verfügung stehen. Allerdings muss die Notenpresse gestoppt werden, die in den letzten Jahren auf Hochtouren gearbeitet hat.

Die Regierung wird sich hinsichtlich der Bundesausgaben einer strengen Kontrolle unterwerfen. Die Nationalbank soll – ähnlich wie in westlichen Ländern – einen größeren finanzpolitischen Spielraum und mehr Unabhängigkeit von der Regierung erhalten. Nach Aussagen des jugoslawischen Informationsministers wurde der Dinar deshalb an die Deutsche Mark gebunden, weil die Mark bereits für 80 Prozent aller Transaktionen in Jugoslawien die Leitwährung ist.

Mit der neuen Währungsmaßnahme, die für mittlere und untere Einkommensgruppen eine erhebliche Belastung bedeutet, hat die jugoslawische Regierung einen Aufruf erlassen; wenigstens für das kommende Halbjahr – so heißt es darin – soll die Bevölkerung auf Streiks und Nationalitätenkonflikte verzichten.

Pluralismus als Herausforderung

28. Dezember 1989

Jugoslawien war – neben der Sowjetunion – das letzte Land sozialistischer Prägung, in dem das Machtmonopol der Kommunisten auf oberster Ebene der Parteiführung nicht in Frage gestellt wurde. Seit der Abspaltung aus dem Ostblock vor vierzig Jahren hatte sich Jugoslawien allmählich den Ruf eines „liberalen" Staates erworben. Doch im politischen Gefüge blieb der Bund der Kommunisten die einzig bestimmende Kraft, die es freilich nicht vermochte, den wirtschaftlichen Niedergang des Landes auch nur einigermaßen einzudämmen.

Mit einer Inflationsrate von 2665 Prozent zum Ende des Jahres 1989, mit einer Arbeitslosigkeit von 1,5 Millionen Menschen und einer ebenso starken Arbeitsemigration in das Ausland haben sich die Kommunisten längst als unfähig zur Führung des Landes erwiesen. Der Zwang, nationale Widersprüche und ein regionales Wirtschaftsgefälle aufzufangen, war die wesentliche Triebkraft, eine gesamtstaatliche, kommunistische Partei in zentraler Funktion aufrecht zu erhalten. Doch spätestens mit dem Übergewicht eines serbischen Zentralismusdenkens, ausgelöst durch den serbischen Republikchef Milošević, der sich mit Huldigungen ähnlich einem Personenkult feiern lässt, ist die Initiative der anderen jugoslawischen Völker zu einem breiteren Pluralismusverständnis geweckt worden.

Vorreiter ist Slowenien, wo bereits schon im kommenden Mai 1990 Parteien bei den Wahlen antreten, die dem Spektrum politischer Gruppierungen eines westlichen Landes entsprechen. Auch die Nachbarrepublik Kroatien hat sich für einen solchen Pluralismus ausgesprochen, der de facto bereits die

Abschaffung des kommunistischen Machtmonopols beinhaltet. Anders dagegen die serbischen Kommunisten, die unter Pluralismus das verstehen, was auch der Argumentation von Michail Gorbatschow in der Sowjetunion am nächsten kommt: nämlich nur einen Pluralismus im Rahmen entweder der einen Partei oder im Rahmen eines sozialistischen Dachverbandes. Konkurrierende Parteien, die ein anderes als das sozialistische Gesellschaftsmodell verfolgen, waren zumindest für die serbischen Kommunisten bislang undenkbar. Um so bedeutender ist der Umschwung der Kommunisten auf gesamtjugoslawischer Ebene.

Die Entscheidung, nun doch in ganz Jugoslawien auf das Machtmonopol des Bundes der Kommunisten zu verzichten, eröffnet Perspektiven, die vor allem für die darbende Wirtschaft weitreichende Möglichkeiten eröffnen. Denn nur mit einem wirklich pluralistischen Modell wären Probleme der Investitionen, des freien Geldhandels und Warenverkehrs im Rahmen marktwirtschaftlicher Vorstellungen zu lösen. Doch gleichzeitig mahnen die zentralistisch orientierten Kommunisten Serbiens – ebenso wie Gorbatschow in der Sowjetunion – noch eine weitere Gefahr an.

Man fürchtet, dass nach nationalen Gesichtspunkten auch die kommunistische Partei auseinanderfallen könnte. Ähnlich der Abspaltung der litauischen Kommunisten aus der sowjetischen KP könnten – und wollen wahrscheinlich auch – die Slowenen und die Kroaten eigene kommunistische Parteien gründen. Damit wäre das letzte ideologische Bündnis für die gesamtstaatliche Einheit Jugoslawiens aufgelöst und das Land mit seinen teilweise scharfen nationalen und wirtschaftlichen Gegensätzen müsste sich nach einem neuen Verständnis für einen Staatsverband oder gar Staatenbund umsehen. Die Notwendigkeit zu einer Entscheidung darüber ist durch die Aufgabe des Machtmonopols der Kommunisten wesentlich mit beschleunigt worden.

Das Jahr 1990

Ein Parteitag des Zerfalls in Belgrad

19. Januar 1990

Jugoslawien bewegt sich am Rand einer wirtschaftlichen und politischen Existenzkrise. Doch diese Krisensituation ist bereits ein Dauerzustand. Die regelmäßig aufbrechenden nationalen Konflikte im Vielvölkerstaat, die wiederholt drastische Abwertung des Geldes, das Karussell der Auslandsverschuldung – sie scheinen die konstanten Größen einer Instabilität zu sein. Jahrzehntelang hat Jugoslawien von den Spannungen zwischen den beiden Blöcken in Europa profitiert und von dem Mythos gelebt, als einziges kommunistisches Land dem Stalinismus die Stirn geboten zu haben. Als Sprecher der blockfreien Bewegung trat das Land für die Freiheit der Selbstbestimmung ein, die jedoch von den eigenen Völkern noch angemahnt wird. Erst jetzt, unter dem Reformdruck der Nachbarländer, wird entlarvend deutlich, dass Jugoslawien immer noch von dem Machtmonopol der Kommunisten beherrscht wird. Zumindest der Verfassung nach.

Längst hat ein regionaler Differenzierungsprozess eingesetzt, der gleichzeitig zu einem gefährlichen Nord-Süd-Gefälle im Land geführt hat und die Gefahr einer Spaltung in sich birgt. Mit eigenwilligen Verfassungsänderungen hat die nördliche Teilrepublik Slowenien dem politischen Pluralismus den Weg geebnet und sich dem Zugriff der Belgrader Zentralregierung entzogen. Die benachbarten kroatischen Kommunisten setzten ebenfalls ein Signal und forderten ein Mehrparteiensystem. Die Antwort aus Serbien, das von seinem erstarkenden Nationalismus selbst fasziniert ist, klang fast bis zuletzt negativ. Doch nun – kurz vor dem Parteitag in Belgrad – sind auch die serbischen Genossen eingeschwenkt und wollen das Machtmonopol der Kommunisten zur Disposition stellen. Insofern können die Delegierten in Belgrad am kommenden Wochenende ein neues politisches Zeitalter für Jugoslawien einläuten. Doch alles deutet daraufhin, dass nun nicht eine Phase demokratischer Aufklärung, sondern zunächst eine Phase nationaler Konkurrenz folgen wird. Man kann unschwer voraussagen, dass die Kommunisten sich in nationale Parteien aufsplittern. Neue, noch nationalere Bewegungen werden folgen. Das bisherige Nord-Süd-Gefälle kann sich zu einer Nord-Süd-Kluft ausweiten. Jugoslawien hat selbst zu lange gezögert. West und Ost haben das Land zu lange hofiert. Doch notwendige Reformen wurden hinausgeschoben oder als Gefahr für die Einheit des Vielvölkerstaates verunglimpft.

Die Zeit der Einparteien-Diktaturen ist vorbei, ohne dass in Jugoslawien ein breites Staatsbewusstsein für einen funktionierenden politischen Pluralismus herangewachsen ist. Auch nach dem Parteitag der Wende wird die Krise als Dauerzustand bleiben.

Der erste Tag

20. Januar 1990

Jugoslawiens kommunistischer Sonderweg ist am Ende. Auf einem außerordentlichen Parteitag quälen sich über 1600 Delegierte in Belgrad damit, einen Ausweg aus der Sackgasse zu finden. Der amtierende Parteichef, der Makedone Milan Pančevski, formulierte in seinem Grundsatzreferat etwas schwerfällig, das bisherige Modell der gesellschaftlichen Beziehungen habe seine Entwicklungsmöglichkeiten objektiv erschöpft.

Die Orientierung zur sozialen Marktwirtschaft ist nun für Titos Nachfolger das Gesetz der Stunde. Auch das Machtmonopol der Kommunisten wird fallen. Doch damit beginnen erst die Probleme, die zum Auftakt des Parteitreffens in einer Debatte zur Tagesordnung bereits sichtbar wurden.

Einzelne Republiken wollen ihre nationalen Eigenheiten berücksichtigt sehen. Nur noch wenige Kräfte verteidigen den sogenannten demokratischen Zentralismus. Dazu gehört die serbische Parteiorganisation, gegen die wiederum die Slowenen im Norden des Landes heftig polemisieren. Der Bund der Kommunisten ist faktisch bereits zwischen Nord und Süd gespalten. Deshalb kann das Grundsatzreferat des amtierenden Vorsitzenden auch nicht beanspruchen, die allgemeine Lage treffend wiederzugeben. So wird in dem Referat gefordert, den Staat bei Zulassung neuer Parteien vor solchen Gruppierungen zu schützen, die – so wörtlich – „unser System zerstören wollen".

Nichts Anderes aber steht auf der Tagesordnung der Kommunisten in den nördlichen Republiken Slowenien und Kroatien. Mit einem wirklichen Pluralismus in einem Mehrparteiensystem steht für sie die gesamte staatliche Ordnung zur Disposition. Die Zentralisten in Serbien träumen dagegen von Parteien, die sich in fester Absprache als Blockparteien unter dem Dach einer sozialistischen Allianz zusammenschließen. Noch besteht die Möglichkeit, dass Delegierte im Zorn den Parteitag verlassen. Insbesondere Slowenien ist nicht bereit, bei der Demokratisierung Kompromisse hinzunehmen. Der Auflösungsprozess ist bereits symbolisch vorweggenommen. Der modern gestaltete rote Stern im neuen Signet des Parteitages verschwimmt zu einer unförmigen Figur, die gerade wegzulaufen scheint.

Der zweite Tag

21. Januar 1990

Der Parteitag der jugoslawischen Kommunisten ist von einem ideologischen Bruderkrieg beherrscht. Heftige Anschuldigungen charakterisieren die Aussprache vor allem in einer Kommission für die Reform des politischen Systems. Für die Zukunft des Landes können sich die Kommunisten bislang noch nicht auf eine gemeinsame Linie einigen. Die Polarisierung besteht hauptsächlich zwischen den reformfreudigen Slowenen und den eher konservativen Serben. Der Wunsch der Slowenen, den Bund der Kommunisten auf nationaler Basis neu zu organisieren, beantwortet der serbische Republikpräsident Milošević mit dem Vorwurf, solche Tendenzen führten zu nationalistischen oder gar nationalsozialistischen Organisationen. Im gleichen Atemzug warf der kämpferische Präsident Serbiens einigen Führungskräften der Partei vor, einen Krieg zwischen den jugoslawischen Völkern zu schüren.

Einer der prominentesten Vertreter Sloweniens, der regionale Parteichef Milan Kučan, beschuldigte dagegen die Serben, mit ihrer Wirtschaftsblockade gegen die slowenische Teilrepublik sich außerhalb der KSZE Akte von Helsinki zu bewegen. Andere slowenische Delegierte nannten das Verhalten Serbiens eine „Manifestation des Totalitarismus". In dieser aufgewühlten Situation versucht die Regierung in Belgrad, für ein Programm der radikalen Wirtschaftsreform zu werben. Während die Kommunisten auf dem Parteitag sich noch darum streiten, ob die neue politische Meinungsvielfalt im Land als Grundlinie eines demokratischen Sozialismus vertreten werden müsse, gab der stellvertretende Regierungschef Živko Pregl auf einer Pressekonferenz unumwunden zu: „Wir wollen einen Pluralismus ohne Einschränkungen."

Ab sofort – so Pregl – habe sich Jugoslawien mit einer Gleichstellung aller Eigentumsformen den marktwirtschaftlich orientierten Staaten angeschlossen. Die nachfolgende Reform des politischen Systems müsse diesen Schritt stützen, aber nicht einschränken. Mit der Bindung der jugoslawischen Währung an die DM sei die Inflation von sechzig Prozent im Dezember auf dreizehn Prozent im Januar gedrückt worden. Ab Mai 1990, so versprach der Vize-Ministerpräsident, werden auch andere Parteien im Parlament sitzen. Die Bedeutung der Kommunisten, die ohnehin nur zehn Prozent der Bevölkerung repräsentiert hätten, werde bei geheimen Wahlen neu bestimmt. Der Politiker, der selbst KP-Mitglied ist, ließ keinen Zweifel daran, dass seine Partei verspielt hat. Für die bevorstehende politische Reform forderte er eine Endideologisierung des Rechtswesens.

In diesem Zusammenhang beantragten Delegierte des Parteitages, dass die Kommunisten auch alle Parteizellen in der Armee abschaffen sollten.

Der dritte Tag

22. Januar 1990

Der Parteitag der jugoslawischen Kommunisten versucht heute auf einer Sondersitzung aller Delegierten, die Einheit der Partei zu retten. Die Lage hat sich zugespitzt, nachdem die slowenische Delegation ein Ende der – wie es hieß – „unproduktiven Debatten und gegenseitigen Anschuldigungen" forderte. Der ideologische Konflikt konzentriert sich auf einen Grundsatzstreit zwischen den Slowenen einerseits, die für radikale Reformen eintreten, und den Serben andererseits, die sich für mehr Zentralismus und eine sozialistische Grundstruktur der Gesellschaft aussprechen.

Gegen Mitternacht einigte sich das Präsidium der Kommunisten darauf, einem slowenischen Antrag stattzugeben. Demnach soll eine Plenarsitzung der fast 1500 Delegierten darüber abstimmen, ob künftig Mehrheitsentscheidungen gegen ein slowenisches Votum möglich sind oder nicht. Damit will Slowenien praktisch ein Vetorecht für einzelne Republiken in der Partei verankern. Vermutlich wird die Mehrheit der jugoslawischen Kommunisten diesem Antrag nicht folgen.

Für die slowenischen Delegierten hieße dies möglicherweise, sie müssten einen Bruch mit der gesamtjugoslawischen Partei riskieren und den Parteitag verlassen. Zum Hintergrund der hartnäckigen slowenischen Haltung gehört auch die Tatsache, dass in der nördlichen Teilrepublik bald die ersten freien Wahlen stattfinden. Die Kommunisten stehen unter dem Konkurrenzdruck zahlreicher neuer Parteien und versuchen, sich durch einen Sonderweg auf dem Treffen in Belgrad zu profilieren.

***

Titos Nachfolger haben Jugoslawien in eine Krise schlittern lassen, die nicht mehr von der ehemaligen führenden Kraft, dem Bund der Kommunisten, bewältigt werden kann. Der ideologische Bruderkrieg zwischen Slowenien und Serbien auf dem Parteitag in Belgrad ist nur ein Ausdruck dieser Krise. Für das Schicksal des Landes ist es auf lange Sicht – so zynisch es klingen mag – eher unbedeutend, ob die Kommunistische Partei nun zerfällt oder ihre Einheit noch einmal notdürftig gerettet werden kann. Denn schon haben sich die Sachwalter einer neuen Demokratie angeschickt, Parteien zu gründen, die konkurrenzfähig und populär sind. Ob die neuen Bewegungen im Land auch regierungsfähig sein werden, ist jedoch noch nicht erwiesen. Insofern droht dem Land die Phase eines Machtvakuums, das aus der Lähmung der Kommunisten einerseits und den tapsenden Gehversuchen einer künftigen Demokratie andererseits besteht.

Für Jugoslawien deutet sich ein Schicksal an, dass möglicherweise von einem historischen Widerspruch bestimmt ist:

Gerade jetzt hat die amtierende Regierung Marković mit einer radikalen Reform die Inflation entscheidend eingedämmt und den Markt für einen freien Handel geöffnet. Gleichzeitig blockieren engstirnige innerjugoslawische Nationalismen die Wirtschaft. Serbien boykottiert jeden Wirtschaftskontakt mit Slowenien. Im sensibelsten Bereich ist das Land also gespalten. Damit verliert die Zentralregierung in Belgrad – trotz ihres wirtschaftlichen Engagements – an Glaubwürdigkeit, weil sie sich praktisch gegen das Votum der eigenen Partei durchsetzen muss.

Die Kommunisten können die nationalistischen Interessenkonflikte nicht lösen und machen sich nun doppelt schuldig am Niedergang von Staat und Gesellschaft. Schon jetzt ist abzusehen, dass unter dem Schlagwort der Reform und des Pluralismus die nationalen Parolen zur Grundlage einer neuen Politik gemacht werden. Das Ende des Sozialismus – so belegt auch das Beispiel Jugoslawiens – garantiert noch lange nicht den friedlichen Übergang zur parlamentarischen Demokratie.

***

Die jugoslawische Parteizeitung *Borba* fragt auf ihrer Titelseite unverblümt: „Steht die Partei am Rande der Spaltung?" Die Antwort auf diese Frage wird für den heutigen, dritten Tag des Parteitreffens in Belgrad erwartet. In ultimativer Form hatten die slowenischen Delegierten den sofortigen Abbruch aller – wie sie sagten – unproduktiven Diskussionen und gegenseitigen Anschuldigungen verlangt. Auf einer Plenarsitzung aller Delegierten wollen die slowenischen Kommunisten nun ihre Forderungen durchsetzen. Dazu gehört das Bekenntnis der Kommunisten zu einem Mehrparteiensystem und die Unabhängigkeit der Parteiorganisationen auf der Ebene der Teilrepubliken. Aus einem Bund der Kommunisten Jugoslawiens – so die offizielle Bezeichnung – soll nach slowenischem Wunsch ein Bund der Bünde werden. Die Zentralisten im

Land fürchten um ihre Macht. Entsprechend hart wird gekämpft.

Die Vitalität der jugoslawischen Kommunisten drückt sich zumindest noch in einer ungeheuren Debattierlust aus, die nicht selten der eitlen Zurschaustellung vor den Fernsehkameras dient, die alles live auf den Bildschirm für die Bürger zu Hause übertragen.

***

Mit dem Ablauf des außerordentlichen Parteitages in Belgrad ist das Machtmonopol der jugoslawischen Kommunisten endgültig gebrochen worden. Gleichzeitig aber ist auch der Bund der Kommunisten gespalten zwischen den Modellen eines demokratischen Sozialismus und einer bürgerlichen parlamentarischen Demokratie. Nur noch äußerlich wird die Fassade einer gemeinsamen Partei so lange aufrechterhalten, bis die Kommunisten Sloweniens – vermutlich Anfang Februar – ihre Konsequenzen aus dem Verlauf des Parteitages ziehen werden.

In einem oft hitzigen Wortgefecht hatte der ideologische Bruderkrieg zwischen Slowenien und Serbien den letzten Parteitag beherrscht. Die Vertreter der nördlichen Teilepublik sind nicht länger bereit, sich einer hierarchisch organisierten gesamtjugoslawischen Partei unterzuordnen. Die Abstimmungen zeigten jedoch, dass Slowenien mit seiner Haltung in der Minderheit blieb. Die meisten Delegierten stützten den bisherigen Parteiaufbau und stärkten damit die Position des demokratischen Zentralismus, wie er am deutlichsten von Serbien gefordert wird. Für die Kommunisten Jugoslawiens bedeutet dies, dass sich künftig zwei Machtzentren mit unterschiedlicher Ideologie in der slowenischen Hauptstadt Ljubljana und in der serbischen Hauptstadt Belgrad bilden werden. Gleichwohl sind sich die jugoslawischen Kommunisten darin einig – wie der noch amtierende Vorsitzende Pančevski formulierte –

, dass nun die Zeit zu Ende gegangen ist, wo eine Partei alleine über den richtigen politischen Weg bestimmen dürfe.

„Die Wirklichkeit hat uns gelehrt, dass es kein Machtmonopol gibt", sagte Pančevski wörtlich. Pluralistische Konkurrenz forderte er außerhalb und innerhalb der Partei, verteidigte aber weiter den sozialistischen Weg. Gleichwohl unterstützten alle Teile der Partei die Einführung der sozialen Marktwirtschaft in Jugoslawien. Mehrheitlich lehnte der Parteitag einen Antrag der slowenischen Delegation ab, mit dem eine Entwicklung zur Europäischen Gemeinschaft (EG) hin gefordert wurde. Dies führte zu einer erneuten öffentlichen Zuspitzung zwischen den verfeindeten Genossen.

Diese scharfen Auseinandersetzungen konnten tagelang am Bildschirm des jugoslawischen Fernsehens mitverfolgt werden. Doch die Bevölkerung zeigt wenig Interesse. „Die Kommunisten haben unser Land runter gewirtschaftet und jetzt wollen sie sich dafür noch einen Glorienschein aufsetzen", ist eine der authentischen Reaktionen, die man im Gespräch zu hören bekommt. „Der Anspruch von Bescheidenheit und Selbstkritik scheint dem Parteitag weitgehend zu fehlen", so lautet eine andere Stimme.

Eine Kritik jedenfalls stellte die kämpferische Hauspostille der Zentralisten, die Belgrader Zeitung *Politika*, besonders heraus: im Sava-Zentrum, dem exklusiven Tagungsort der Kommunisten, kostete eine Tasse Espresso genauso viel, wie ein Bauer auf dem Land derzeit für sechs Liter Milch erhält.

Eklat am vierten Tag

23. Januar 1990

Um 03:20 Uhr in der Nacht einigten sich Jugoslawiens Kommunisten darauf, nach dem Eklat mit den slowenischen Genossen den Parteitag weder fortzusetzen, noch zu beenden.

Das Treffen wurde vertagt, um noch einen letzten Rettungsversuch zu unternehmen, damit die Einheit der Kommunisten wiederhergestellt werden kann. Die dramatische Nacht und der Bruch zwischen den jugoslawischen Kommunisten war die Konsequenz aus einem ideologischen Bruderkrieg, der den Parteitag in Belgrad von Anfang an beherrschte. In der Schlusssitzung versuchte die slowenische Delegation noch einmal mit einer Reihe von Anträgen, ihre Positionen in die programmatischen Dokumente einzubringen. Doch es folgte dabei Niederlage auf Niederlage. Der antislowenischen Stimmung, die sich bei der Mehrheit der Delegierten zeigte, fielen auch wichtige rechtsstaatliche Positionen zum Opfer. Zunächst verweigerte der Parteitag die geforderte Umstrukturierung in autonome Parteien der einzelnen Republiken. Dann beantragten die Slowenen ein Ende von politischen Prozessen und der Folter sowie die Abschaffung diesbezüglicher Artikel im jugoslawischen Strafgesetzbuch. Doch nicht einmal zwanzig Prozent der Delegierten stimmten für diesen Antrag.

Die Mehrheit votierte somit trotz eines Bekenntnisses zum Pluralismus dafür, dass auch künftig politische Gegner im Land gerichtlich verfolgt werden dürfen. Eindringlich warb dann ein slowenischer Sprecher für das Ende der Wirtschaftsblockade, die von Serbien gegen seine Teilrepublik verhängt worden war. Sein erschütterndes Beispiel: selbst notwendige Medikamente, die aus Slowenien stammen, werden in Serbien von den Ärzten wegen des Boykotts nicht mehr verschrieben. Doch auch hier erreichten die Slowenen nicht die erforderliche Mehrheit der Delegierten, um ein Ende der Blockade durchzusetzen. Schließlich lehnte der Parteitag, der sich zuvor zur Demokratisierung bekannt hatte, auch noch ab, die ehemaligen Dissidenten und ausgeschlossenen Parteimitglieder zu rehabilitieren. Für die Slowenen war das Maß voll. Ihr Delegationschef Ciril Ribičič erklärte als Reaktion darauf: „Ich bin sicher, dies ist die beste Art, den Bund der Kommunisten Jugoslawiens zu zerstören." Unter dem höhnischen Klatschen der meist serbischen Genossen verließ die slowenische Delegation daraufhin protestierend den Sitzungssaal in Belgrad.

***

Mit diesem Parteitreffen ist es Jugoslawiens Kommunisten nicht gelungen, Anschluss an die Reformbewegung in Osteuropa zu bekommen. Nach dem Schauspiel der langen Nacht und dem Auszug der slowenischen Delegation aus dem Parteitag, sind zwei bedrückende Resultate festzustellen: Erstens hat der Nationalismus die Oberhand über den Rationalismus gewonnen. Zweitens hat sich die Mehrheit der Parteitagsdelegierten unreif gezeigt für eine rechtsstaatliche Demokratie. Der Auszug der Slowenen aus dem gemeinsamen kommunistischen Bund hat zwar taktische Gründe. Denn in Kürze müssen die slowenischen Kommunisten gegen neue Parteien bei freien Wahlen in ihrer Teilrepublik antreten. Die Distanz zu den zentralistischen Kräften in Belgrad fördert die Wahlchancen daheim.

Doch gewichtiger ist die politische Polarisierung, die von zwei völlig verschiedenen Gesellschaftsformen ausgeht. Hier sind die Slowenen die Vorreiter einer Demokratisierung, die das Ende des kommunistischen Machtmonopols nicht nur als Lippenbekenntnis, sondern als rechtsstaatlichen Schritt verankern wollen. Der verbleibenden Mehrheit im Parteitag aber muss man misstrauen. Denn diese Mehrheit hat beschlossen, dass künftig politische Prozesse weiterhin als Kampfmittel gegen politische Konkurrenten zulässig sind. Echter Pluralismus hat in den Köpfen vieler Delegierten keinen Platz.

„Freiheit und Solidarität" nannte der amtierende Parteichef bei seinem hilflosen Bemühen um die Einheit als die zwei wesentlichen Grundpfeiler der Kommunisten. Diese beiden Grundpfeiler sind zum Einsturz gebracht worden. Für die Freiheit der Andersdenkenden fand der Parteitag keine Mehrheit. Selbst die Solidarität wurde per Abstimmung verworfen.

Ein Wirtschaftsboykott Serbiens gegen Slowenien wurde vom Parteitag gebilligt – oder umgekehrt – der Antrag auf ein Ende des Boykotts fand keine Mehrheit. Die Solidarität endet an den Grenzen der einzelnen Teilrepubliken. Die Kommunisten haben erst Jugoslawien heruntergewirtschaftet. Jetzt stehen sie vor dem Trümmerhaufen einer Politik der vermeintlichen Stärke. Der Bund der Kommunisten ist nicht mehr zu reparieren. Aber auch seine Spaltung birgt Gefahren für das Land.

Die Folge ist eine politische Asymmetrie, die darin besteht, dass der Nordwesten auf einen demokratischen Pluralismus zusteuert, während der Südosten Gefahr läuft, in autoritären Strukturen des Ein-Parteien-Denkens zu verharren. Die neuen Inhalte werden nicht mehr kommunistische, sondern eher nationalistische Ideale sein. Der einzige Hebel, um eine gefahrenvolle Entwicklung abzuwehren, wäre, bei der wirtschaftlichen Integration Jugoslawiens auf europäischer Ebene anzusetzen. Doch dies erfordert Opfer der reichen Länder. Aber diese Opfer müssen gebracht werden, um einen möglichen Zusammenprall der Nationalismen in Osteuropa einzudämmen oder – besser noch – ihm zuvorzukommen.

> **24. Januar/2. Februar 1990** Neue Proteste der Kosovo-Albaner fordern 26 Todesopfer.
>
> **4. Februar 1990** KP Sloweniens spaltet sich von der gesamtjugoslawischen Partei ab.
>
> **8. Februar 1990** Das Belgrader Verfassungsgericht erklärt diese Abspaltung für verfassungswidrig.
>
> **20. Februar 1990** Das jugoslawische Staatspräsidium ordnet einen Armee-Einsatz im Kosovo an und verhängt dort eine nächtliche Ausgangssperre.

Streitfall Kosovo

22. Februar 1990

Der Vielvölkerstaat Jugoslawien war unter der Parole „Brüderlichkeit – Einigkeit" von Staatsgründer Tito als Quadratur des Kreises erfunden worden. Denn das politische Erbe nationaler Gegensätze und das nationale Erbe politischer Feindschaften aus einer Zeit, als im Zweiten Weltkrieg die Völker Jugoslawiens noch gegeneinander gekämpft hatten, ließ sich kaum auf dem Weg des Einparteienstaates befrieden. Der Bund der Kommunisten Jugoslawiens erwies sich als schwache Klammer für ein Land mit sechs national geprägten Teilrepubliken und zwei autonomen Gebieten, die zudem unter einer doppelten Zäsur durch die Kulturgeschichte geteilt waren.

Die Serben im orthodoxen Osten, die Kroaten im katholischen Westen, die islamischen Bosniaken und die islamischen Kosovoalbaner dazwischen oder am Rand gelegen – dies sind nur die oberflächlichen Strukturen, an denen sich bereits das Ausmaß eines historisch bedingten Konfliktstoffes erkennen lässt. Auch der aktuelle Stand einer serbisch-nationalen Wiedergeburt, die eng verbunden ist mit dem Kampf gegen die Kosovo-Albaner, fußt ebenso auf historischen Konstanten wie auf politischen Ereignissen der Gegenwart. Serbien fühlt sich in seiner Rolle als Retter der jugoslawischen Idee missachtet. Die Abkehr der nördlichen Republiken vom Einparteiensystem, ja sogar von der gemeinsamen Partei der Partisanen, die das Land von der deutschen Okkupation befreit haben, erzeugt in Serbien ein Gefühl von Enttäuschung und politischem Verrat. In diesem Zusammenhang versteht es der Präsident der serbischen Teilrepublik Serbien Slobodan Milošević immer wieder, Emotionen nach außen abzulenken. Von ihm stammt auch die absurde Idee, Serbien könne sich das Kosovo gewissermaßen durch Neuansiedlungen zurückholen.

Der jüngste Schritt, das Militär im Kosovo einzusetzen, birgt zweifellos eine Verschärfung des Konfliktes in sich. Doch Belgrad versucht, mit der Mobilmachung im eigenen Land, mit Ausnahmezustand und Ausgangssperre, den politischen Forderungen nach Anerkennung der alten Autonomie im Kosovo nun den Stärkebeweis entgegenzusetzen. Wie genau im Staatspräsidium, das paritätisch von allen Teilrepubliken und autonomen Gebieten besetzt ist, dieser Entschluss zustande kam, lässt sich für einen Außenstehenden nicht nachvollziehen. Slowenien und Kroatien als eher verständnisvolle Beobachter der Forderungen, die von den Kosovo-Albanern erhoben werden, tragen augenscheinlich den Armee-Einsatz mit.

Hier liegt die wirkliche Gefahr, dass nämlich die Opposition im Kosovo sich endgültig in die Enge getrieben sieht. Wohin also können sich die Kosovo-Albaner nun wenden? Der albanische Nachbarstaat hält sich zwar zurück. Doch Ibrahim Rugova, Schriftsteller, Oppositionsführer, Mitbegründer und Vorsitzender der Demokratische Liga des Kosovo *(Lidhja Demokratike e Kosovës)*, hat nun seinerseits deutlich gemacht, dass unter Umständen die ebenfalls ungeliebten Brüder in Tirana als Partner weniger arg seien als die Serben.

Sollte der Konflikt nicht nur einzelne Menschenopfer kosten wie bisher, sondern das Ausmaß eines Bürgerkrieges annehmen wie manche Nationalitätenkonflikte in der Sowjetunion, dann ist nicht mehr ausgeschlossen, dass der Schauplatz nicht mehr auf die innerjugoslawischen Grenzen beschränkt bleiben wird.

7. März 1990 Slowenien streicht den Begriff „sozialistisch" und nennt sich nur noch „Republik Slowenien".

8./22. April 1990 Erste freie Wahlen in Slowenien. Eine bürgerliche Parteienkoalition gewinnt die Parlamentswahlen. Die Präsidentschaftswahlen gewinnt der ehemalige KP-Chef Milan Kučan.

24. April 1990 Der ehemalige Kosovo-Parteichef Azem Vllasi und 13 weitere, wegen „konterrevolutionärer Bedrohung" albanische Angeklagte werden freigesprochen.

18. April 1990 Ausnahmezustand im Kosovo wird aufgehoben. 108 kosovo-albanische politische Gefangene werden freigelassen.

Die Armee in Jugoslawien

22. April 1990

"Wer ist der Souverän in unserem Land? Das Volk oder die Armee?"

Der Fragesteller wäre noch vor wenigen Jahren in Jugoslawien als Provokateur angezeigt worden. Doch inzwischen muss sich die Armee, die jahrzehntelang vom Mythos des Partisanensieges zehrte und als Garant für sogenannte politische Stabilität eingesetzt wurde, kritische Nachfragen gefallen lassen. Niemand anders als die katholische Bischofskonferenz von Slowenien nahm den politischen Fehdehandschuh auf und wies mit ihrer Nachfrage, wer der eigentliche Souverän im Land sei, die forschen Forderungen der Armee zurück.

Mit der sichtbar werdenden Demokratisierung hatte die jugoslawische Armee Mitte letzten Jahres Vorbehalte gegen den Pluralismus geltend gemacht. Verteidigungsminister Veljko Kadijević stellte in einer Rede vor der kommunistischen Parteiorganisation der Armee Forderungen, die ihn für jedes Amt im reformsozialistischen Polen oder Ungarn disqualifiziert hätten. Parteienpluralismus in Jugoslawien, so meinte er, sei ein großer Schritt zurück. Unannehmbar war für ihn wörtlich, "dass einige Kreise im Westen Jugoslawiens jene Richtung von Reformen suggerieren, die Polen und Ungarn einschlagen."

Selbst Militärs des Warschauer Paktes äußerten sich zu den Reformbewegungen in Osteuropa nicht so negativ, wie der Verteidigungsminister des blockfreien Jugoslawien. Führende Reformpolitiker sehen in solchen Formulierungen den unzulässigen Versuch der jugoslawischen Armee, den Demokratisierungsprozess zu stoppen. „Wenn die Armee darüber entscheidet, was erlaubt ist und was nicht," so kritisierten die slowenischen Bischöfe, „dann wird die Zivilgesellschaft zu einem Gefangenen der Militärs."

Auch in den jüngsten Wahlkämpfen in Slowenien und Kroatien versuchte die Armee, Einflussnahme wenigstens zu suggerieren: Den Spitzenkandidaten der siegreichen bürgerlichen Liste Jože Pučnik verklagte die Armee wegen grober Beleidigung. Der Literaturwissenschaftler Pučnik saß im kommunistischen Jugoslawien wegen seiner kritischen Haltung mehrfach im Gefängnis, emigrierte 1971 in die Bundesrepublik. 1989 kehrte er in seiner Heimat zurück und wurde Vorsitzender der neu gegründeten Slowenischen Demokratischen Partei. Der Armee hatte er vorgeworfen, „unserer Kinder getötet, unsere Wirtschaft vergiftet und unsere Freiheit bedroht zu haben". Als erste Maßnahme nach einer möglichen Regierungsübernahme durch die Opposition in Slowenien kündigte er eine „Entpolitisierung der Armee" an. Die Klage gegen ihn wurde abgewiesen.

Doch die Armee ließ die Muskeln spielen. So auch in der Nachbarrepublik Kroatien. Wenige Tage vor den ersten freien Wahlen am 23. April 1990 mit mehreren Parteien wurde das Faksimile eines geheimen Schreibens veröffentlicht. Darin wird mitgeteilt, dass die Armee gegen einzelne Führungskräfte der national orientierten Kroatischen Demokratischen Union

(*Hrvatska Demokratska Zajednica*) im Fall eines Wahlsieges gewaltsam vorgehen wolle.

Ob wahr oder unwahr, lässt sich nicht schlüssig belegen. Aber auch hier wird die Armee im deutlichen Gegensatz zur Demokratisierung des Landes dargestellt. Dahinter steht ebenso nationale Abgrenzung. Denn die mittlere und obere Führungsschicht der Armee besteht überwiegend aus Serben, die unter dem Einfluss eines großserbischen Nationalismus Gefahr laufen, die Interessen einer einzelnen Nation mit den Interessen von ganz Jugoslawien gleichzusetzen.

Wahlkampf in Kroatien

22. April 1990

In einem Aufruf am Lautsprecherwagen mit Wahlwerbung verheißt der Vertreter der populären Kroatischen Demokratischen Union (HDZ) seinen Wählern, dass die Partei im Falle eines Wahlsieges „dem kroatischen Volk und allen Bewohnern Kroatiens die Selbstachtung sowie einen freien und souveränen Staat zurückgeben" werde, der ein friedliches und würdiges Leben garantiere. „Die Kroatische Demokratische Union wird sie nie enttäuschen", heißt es zu Fanfarenklängen.

Das effektvolle akustische Werbemittel wurde als Tonbandkassette auch im Ausland eingesetzt. Gastarbeiter, Emigranten und Exilkroaten konnten darauf die Botschaft einer Partei hören, die bewusst an die nationale Abgrenzung Kroatiens gegenüber anderen Völkern in Jugoslawien appelliert. Die Kroatische Demokratische Union war zur immer stärkeren Oppositionskraft herangewachsen und konnte – nach eigenen Angaben – bis zum Wahltag 700.000 aktive Mitglieder vorweisen. Folglich war auch diese Partei in der Öffentlichkeit mit Veranstaltungen und Plakaten am stärksten vertreten. Ihr Chef Franjo Tudjman, der ehemalige Partisanenkämpfer und jugoslawische Generalmajor, der unter Tito als national-kroatischer Historiker sein Eintreten für die Unabhängigkeit der kroatischen Sprache mit Gefängnishaft büßen musste, hatte als einer der ersten die Auslandskroaten als potentielle Geldgeber für den Wahlkampf entdeckt.

Eine Million Plakate im Farbtiefdruck, zehntausende von Film- und Tonbandkassetten, hunderttausende von Broschüren und doppelseitigen Großanzeigen in den kroatischen Zeitungen – dieser Werbeaufwand konnte nur mit ausländischer Hilfe finanziert werden. In ihren politischen Forderungen steckten die national orientierten Tudjman-Anhänger schließlich jedoch weit zurück. Eine Zusammenführung aller Kroaten in den „natürlichen Grenzen", also auch unter innerjugoslawischen Grenzveränderungen und territorialen Ansprüchen an die benachbarte Teilrepublik Bosnien-Herzegowina, wurde als politisches Ziel wieder gestrichen. Gleichwohl will die HDZ nach den Wahlen in Kroatien ihre Partei auf die Nachbarrepublik Bosnien-Herzegowina ausweiten, um auf parlamentarischem Weg die Politik zugunsten der dort lebenden Kroaten und zugunsten der kroatischen Sache zu beeinflussen.

Gemäßigter argumentiert ein Bündnis mehrerer Parteien, die sich als Koalition der nationalen Verständigung zusammengeschlossen haben. Ihre parteilosen und populären Leitfiguren waren jene Politiker, die 1971 den sogenannten kroatischen Frühling *(Hrvatsko proljeće)* eingeleitet hatten, also den Versuch Kroatiens, größere wirtschaftliche und kulturelle Unabhängigkeit von Belgrad zu erlangen. Dieser Liberalisierungsversuch war von Tito niedergeschlagen worden; ähnlich, wie Tito später auch gegen ähnliche Forderungen in Serbien vorgegangen ist.

Wer damals den kroatischen Aufbruch miterlebt hatte, wird heute identische Forderungen wiederfinden: nationale Souveränität, garantiert durch einen Staatsvertrag, und finanzielle Selbstverwaltung ohne Eingriff der Belgrader Zentralregierung. Dr. Ljubomir Antić, Spitzenfunktionär in dem Parteienbündnis, nennt die politische Grenzmarke, die auch deutliche Forderungen an die weniger reformfreudigen Republiken stellt:

„Wir sind nicht für jede Art von Jugoslawien, aber wir sind auch nicht für eine Zerschlagung Jugoslawiens. Jugoslawien muss das sein, was die jugoslawischen Völker und die bestehenden Republiken, die laut Verfassung schon Staaten sind, miteinander verabreden. Dieser Vertrag kann ausschließlich so aussehen, dass es in jeder Republik beziehungsweise in jedem Staat zu einer demokratischen Umgestaltung kommt." Dies schließt für ihn das Mehrparteiensystem und freie Wahlen in allen Teilen des Landes ein. Erst die daraus hervorgegangenen Parlamente sollen seiner Meinung nach über die künftige Gestalt Jugoslawiens entscheiden.

Auch die kroatischen Kommunisten, nun zu Reformkommunisten gewandelt, sehen ihr Ziel in einer neuen Verfassung. Sie soll nach den Worten des kommunistischen Parteichefs Ivica Račan eine föderative Struktur, gepaart mit Elementen einer Konföderation, darstellen. Damit bleiben die kroatischen Kommunisten hinter den Forderungen ihrer Schwesterpartei im nördlicheren Slowenien zurück. Die politische Asymmetrie, von der in Slowenien viel die Rede ist, macht sich bereits hier bemerkbar. Im Gegensatz zu den Slowenen wollen die kroatischen Kommunisten noch nicht den endgültigen Bruch mit Belgrad wagen.

Sloweniens weiterer Weg

22. April 1990

Sloweniens Weg in die Demokratie ist von den Reformkommunisten eingeleitet worden, die inzwischen die Macht in den parlamentarischen Kammern an ein politisches Bündnis bürgerlicher Parteien abtreten mussten, aber weiterhin den Präsidenten stellen. Die ersten freien Wahlen in Jugoslawien seit mehr als vier Jahrzehnten hatten in der nördlichsten Teilrepublik Slowenien zwar zu einer deutlichen Niederlage der kommunistischen Partei geführt, gleichzeitig aber bei der Direktwahl des Präsidenten die enorme Popularität eines einzelnen kommunistischen Politikers, Milan Kučan, bestätigt.

An diesem Beispiel erwies sich, dass national orientierte Kommunisten durchaus in der Lage sind, sich in dem politischen und ideologischen Zerfallsprozess der bisherigen jugoslawischen Staatsform zu behaupten. Gleichwohl wird Slowenien weiterhin die Vorreiterrolle bei der bürgerlich-politischen Umgestaltung von Gesamtjugoslawien einnehmen. Denn das Parteienbündnis DEMOS *(Demokratična opozicija Slovenije)* verfügt in der wichtigsten parlamentarischen Kammer über 47 von insgesamt 80 Sitzen. Die Kommunisten behielten nur noch 14 Abgeordnete. Eine dritte politische Kraft, die Liberalen, hervorgegangen aus dem sozialistischen Jugendverband Sloweniens, können kein wirksames oppositionelles Gegengewicht bilden.

Die Grundlinie der künftigen Politik ist durch zwei Hauptforderungen vorgegeben, auf die sich alle bisherigen Koalitionsparteien einigen konnten: Slowenien muss erstens möglichst große Souveränität in einem neu geordneten Jugoslawien erhalten. Slowenien will zweitens über sein selbst erwirtschaftetes Geld auch selbst verfügen. Der Finanzausgleich mit der Zentrale in Belgrad zugunsten der struktur- und entwicklungsschwachen Gebiete Jugoslawiens wird in der bisherigen Form von Slowenien nicht mehr akzeptiert.

Im politischen Detail differenziert sich jedoch das Parteienspektrum. Die bürgerlichen Parteien der Koalition DEMOS umfassen Sozialdemokraten, Christdemokraten, die Bauernpartei und etliche Interessengruppen, die kaum als Einzelparteien überlebensfähig wären. Deshalb steht die künftige Regierung Sloweniens noch vor einem Klärungsprozess. Die Parteienlandschaft wird sich im Lauf der kommenden Monate vermutlich neu konstituieren.

Der populäre Vertreter der bei den Parlamentswahlen unterlegenen Kommunisten, Milan Kučan, der jedoch zum Staatspräsidenten gewählt wurde, warnt deshalb vor übereilten Schritten und wirbt für eine dreistufige Option, ehe Slowenien den endgültigen Bruch mit dem Rest Jugoslawiens wagen soll: „Demokratie, Föderation, Konföderation oder das Ende Jugoslawiens durch die Gründung einzelner Staaten. Für uns ist ein Status der Konföderation der Weg und die Möglichkeit, Jugoslawien zu erhalten.... Wir als Kommunisten würden eine Abspaltung nur als äußersten Schritt ansehen für den Fall, dass sich nach einer politischen Diskussion in Jugoslawien keine andere Möglichkeit mehr findet.”

23. April 1990

Der Sieg des Reformkommunisten Milan Kučan bei den Präsidentschaftswahlen in Slowenien ist das Ergebnis seiner persönlichen Popularität. Sein Gegenspieler Jože Pučnik, der Spitzenkandidat der bürgerlichen Parteien, der nach achtzehn Jahren im Exil erst seit kurzem wieder in Slowenien lebt, konnte seine Landsleute nicht überzeugen. Der Reformkommunist Kučan hatte noch vor allen anderen seine Partei in die Unabhängigkeit von Belgrad geführt, den Bruch mit der gesamt jugoslawischen Kommunistischen Partei gewagt und weitere Finanzleistungen Sloweniens an die Zentralregierung verweigert. Obwohl Kommunist, wurde Milan Kučan so etwas wie ein Nationalheld, der nun als strahlender Sieger vor einer schwierigen Aufgabe steht. Denn in den parlamentarischen Kammern haben die bürgerlichen Parteien die Mehrheit. Der Widerspruch zwischen einem kommunistischen Präsidenten und einem vermutlich christdemokratischen Regierungschef in Slowenien wird von beiden Seiten erhebliche Kompromisse erfordern. Noch im Wahlkampf hatte die bürgerliche Parteienliste den slowenischen Kommunisten auf Plakaten gemeinsame Sache mit dem sowjetischen Diktator Stalin und dem rumänischen Diktator Ceauşescu unterstellt. Diese scharfen Attacken hatten eine gegenläufige Wirkung. Viele Slowenen waren empört darüber, dass gerade solche Kommunisten im Wahlkampf an den Pranger gestellt wurden, die nachweislich die Demokratisierung und das Mehrparteiensystem in der Republik gegen die Widerstände aus Belgrad eingeführt hatten.

Der neue Präsident Sloweniens hat zwar keine weitreichenden politischen Vollmachten. Mit ihm zusammen tritt ein vierköpfiges Präsidium an, das jedoch in den meisten Entscheidungen von der künftigen, bürgerlichen Regierung abhängig ist. Inzwischen haben selbst die radikaleren Kreise der früheren Opposition in Slowenien ihre Haltung gemäßigt. Man steuert jetzt eine neue Verfassung und eine Art Staatsvertrag zwischen allen jugoslawischen Republiken an, die praktisch die gesamte Gesetzeshoheit den einzelnen Republiken überlässt. Ein Austritt aus Jugoslawien und die Gründung eines eigenen slowenischen Staates ist bei dem Ausgang der jetzigen Wahlen mit einer bürgerlichen Parlamentsmehrheit und einem kommunistischen Präsidenten eher nicht zu erwarten.

Was wird aus Titos Konzeption?

Die Konzeption Titos von einem geeinten Jugoslawien ist tot. Mit den Wahlen in Slowenien und Kroatien ist die Schlussphase eines Auflösungsprozesses eingeleitet worden. Denn nicht nur die bürgerlichen, sondern auch die reformkommunistischen Parteien in beiden Republiken vertreten ein Konzept, das die politische Asymmetrie im Land bestätigt. Der Nordwesten Jugoslawiens wird sich von der Belgrader Zentralmacht abwenden, wird Souveränität als Republik so verstehen, dass Wirtschaft und Rechtsprechung nur in der Verantwortung der einzelnen Republiken liegen, die laut jugoslawischer Verfassung sogar als eigene Staaten fungieren. Der Südosten des Landes wird sich zunächst mit dem Bestreben der serbischen kommunistischen Partei auseinandersetzen müssen, die darum bemüht ist, den Zentralismus wenigstens in dieser Landeshälfte aufrecht zu erhalten. „Serbismus" als „Jugoslawismus" – auch dies ist eine Kampfansage an Titos politische Konzeption. Mit dem Verzicht auf das Einparteiensystem ist also die Revision der Machtstruktur eingeleitet worden. Eine Machtstruktur, die künftig auf der Idee der Nationalstaaten und nicht mehr auf der gemeinsamen Idee der kommunistischen Partei und der Arbeiterselbstverwaltung aufbaut.

Dennoch wird Jugoslawien nicht auseinanderbrechen. Selbst die radikalsten Kritiker sehen kaum eine Chance, Jugoslawien in nationale Einzelstaaten zurück zu verwandeln. Was in der Hitze des Wahlkampfes teilweise gesagt und gefordert wurde, unterliegt nun dem natürlichen Prozess des politischen Kompromisses. Wenn man die Argumente nahezu aller Parteien auf einen gemeinsamen Nenner bringen will, dann entsteht daraus die Vision einer nationalen Selbstbestimmung, die in einem geeinten Europa verwirklicht wird. Als Zwischenetappe bleibt Jugoslawien als Bundesstaat (Föderation), vielleicht auch als Staatenbund (Konföderation), weiterhin aktuell. Voraussetzung dafür sind natürlich Verfassungsänderungen, die einen solchen Staatsvertrag ermöglichen, und dies wiederum nur durch demokratisch legitimierte Parlamente. Slowenien und Kroatien bilden erst den Anfang einer Entwicklung, die über freie Wahlen zu Parlamenten mit mehreren Parteien führen müssen.

Erst dann kann über die Zukunft Jugoslawiens entschieden werden.

Ein Moment der Solidarität

29. Juni 1990

Die Fußballweltmeisterschaft in Rom scheint das fertig zu bringen, was den Politikern in Jugoslawien nicht gelingt. Die landesweite Begeisterung für die eigene Mannschaft lässt den Nationalitätenstreit zwischen den jugoslawischen Völkern für kurze Zeit in den Hintergrund treten.

„Jugoslawien ist unschlagbar", jubelten Zeitungen nach dem letzten Sieg über Spanien.

Der Medienrummel über den bisherigen Aufstieg der jugoslawischen Fußballmannschaft scheint kaum noch Grenzen zu kennen. Funk und Fernsehen, Zeitungen, aber auch die Diskussionen am Arbeitsplatz – alles ist beherrscht von der Weltmeisterschaft. Nur ganz rechthaberische Nationalisten beginnen aufzurechnen, welche Spieler aus welcher Teilrepublik besser als die anderen war. Jetzt sind alle Erwartungen auf die Begegnung mit Argentinien gerichtet.

Die Belgrader Tageszeitung *Politika* machte den Fußballfans Mut. Die Zeitung veröffentlichte eine Rangliste über die Stärke einzelner Mannschaften. In dieser Liste folgt Argentinien fünf Plätze hinter Jugoslawien. Ein Sieg – so die Hoffnung – könnte auch dieses Mal möglich sein.

2. Juli 1990 Abgeordnete der Kosovo-Albaner im Regionalparlament in Priština/Prishtenë rufen die „Republik Kosovo" aus.

Am selben Tag verabschiedet das Parlament in Slowenien eine „Deklaration über die Souveränität des Staates Slowenien".

Nationale Gegensätze

3. Juli 1990

Nationale und politische Gegensätze treiben die jugoslawischen Teilrepubliken immer weiter auseinander. Mit der jüngsten Souveränitätserklärung der nördlichen Republik Slowenien soll erzwungen werden, dass die Sozialistische Föderative Republik in einen Staatenbund selbständiger Republiken, also in eine Konföderation, umgewandelt wird. Mit einem ähnlichen Ziel haben sich auch in der Sowjetunion sechs der insgesamt 15 Teilrepubliken für souverän erklärt.

Die Souveränitätserklärung des Parlaments in Ljubljana bedeutet jedoch nicht, dass Slowenien aus dem jugoslawischen Staatsverband ausscheidet und sich völkerrechtlich als eigener Staat abspaltet. Schon in der bisherigen jugoslawischen Verfassung werden die einzelnen Teilrepubliken als Staaten bezeichnet. Slowenien hat mit seiner Erklärung vielmehr seine früheren Verfassungsänderungen bestätigt, die das Landesrecht über das Bundesrecht stellen. In die Souveränitätserklärung sind ferner wichtige Wahlversprechen der bürgerlichen Parteien eingeflossen, die vor ihrem Sieg bei den ersten freien Wahlen als Ziele „die Schaffung einer eigenen Armee und die Einführung eigener Grenzkontrollen" genannt hatten.

Auch in der südöstlichen Landeshälfte Jugoslawiens hat sich die Lage politisch zugespitzt. Im Zusammenhang mit einem Referendum, mit dem Serbien letztlich die Autonomie des Kosovo beenden will, versuchten politisch bereits entmachtete albanische Abgeordnete in Priština (albanisch: Prishtina/Prishtinë), die Republik Kosovo (albanisch: Kosova/Kosovë) auszurufen. Die serbische Regierung erklärte diesen Beschluss für ungültig.

Hintergrund der Eskalation ist eine angestrebte Verfassungsänderung der serbischen Teilrepublik, mit der rechtlich die Autonomie für die etwa 1,5 Millionen Kosovo-Albaner in Jugoslawien abgeschafft werden soll. Allerdings ließ die serbische Regierung nicht über die Verfassung selbst abstimmen. Vielmehr konnte während der letzten zwei Tage die Bevölkerung nur zur Frage Stellung nehmen, ob eine Verfassungsänderung vor oder nach den ersten freien Wahlen erfolgen soll.

Die serbische Opposition verlangt erst freie Wahlen und dann die Ausarbeitung einer neuen Verfassung. Die bislang allein regierenden Kommunisten suggerieren aber mit ihrem Referendum, das von der Mehrheit der serbischen Wähler unterstützt werden wird, eine Entscheidung gegen die Albaner. Das Resultat des Referendums wird für kommenden Donnerstag erwartet.

Schicksalsfrage Kosovo

5. Juli 1990

Jugoslawien leidet unter einer politischen Asymmetrie, die zum Ausgangspunkt einer Neustrukturierung des balkanischen Vielvölkerstaates werden wird. Die geographischen Pole des Landes – Slowenien im Nordwesten und Serbien im Südosten – sind gleichzeitig Fixpunkte einer inhaltlichen Polarisierung. Makedonien im Grenzgebiet zu Griechenland mit einer großen albanischen Minderheit hält sich noch zurück. Montenegro, südwestlich von Serbien, folgt der Politik Belgrads. In Bosnien-Herzegowina formieren sich vorsichtig die gemischt lebenden Volksgruppen der bosnischen Muslime Bosnjaken[11] genannt, der katholischen Kroaten und der orthodoxen Serben. Auch wenn die Religion dabei nicht maßgeblich ist, wird sie doch zunehmend als ein Charakteristikum der jeweiligen Volksgruppe betrachtet.

Während Slowenien als Vorreiter einer neu interpretierten Souveränität der jugoslawischen Zentralregierung den Gedanken an eine Konföderation selbständiger Republiken aufzwingen will, wehrt sich die Regierung der Republik Serbien mit den Methoden eines autoritären Staates gegen jede Teilung der Macht und wirft im Kosovo eine entscheidende Schicksalsfrage auf. Mit der Auflösung des Parlaments in der autonomen Provinz Kosovo und der Entlassung der dortigen Regierung hat Serbien nämlich den bisherigen Minimalkonsens des Vielvölkerstaates aufgegeben. Die Selbstbestimmung der 1,5

---

[11] *Bosnjaken*, abgeleitet von *bošnjaci*, wobei nj (kyrillisch њ) im Bosnischen einen einzelnen Laut darstellt. Im Deutschen oft auch *Bosniaken* geschrieben.

Millionen Kosovo-Albaner ist damit abgeschafft. Das Verhalten Serbiens ist spätestens jetzt zu einem Fall für die KSZE-Menschenrechtskonferenz geworden. Der Weg nach Europa führt offensichtlich für diesen östlichen Teil Jugoslawiens zurück über den autoritären Staat.

Das krasse Gegenteil verkörpert Slowenien. Dort ist die parlamentarische Mehrparteiendemokratie durch freie Wahlen etabliert worden. Slowenien musste seinerseits den übrigen jugoslawischen Teilrepubliken einen neuen politischen Konsens anbieten, dessen Minimalforderung in eben jener Demokratisierung besteht, die das Selbstbestimmungsrecht eines einzelnen Volkes beinhaltet. Die Maßnahmen Sloweniens wirken radikal. Die Kontrolle über Armee und Grenze wurde der Zentralregierung in Belgrad entzogen. Schon vorher war Landesrecht über Bundesrecht gestellt worden. Damit hatte Slowenien die Spielregeln der Föderativen Bundesrepublik Jugoslawien – auch angesichts der serbischen Kosovo-Politik – bewusst durchbrochen. Doch eines hat Slowenien nicht getan: Slowenien hat sich nicht zu einem unabhängigen Staat im völkerrechtlichen Sinn erklärt. Derartige Missverständnisse konnten nur entstehen, wenn man die jugoslawische Verfassung nicht berücksichtigt. Denn auch in der bisherigen Verfassung werden die Teilrepubliken als Staaten basierend auf der Souveränität des Volkes bezeichnet.

Die Signalwirkung von Slowenien ging deshalb nicht in Richtung Zerfall Jugoslawiens, sondern ganz im Gegenteil, es geht Slowenien um den Erhalt eines reformierten Jugoslawiens. Dieser Aspekt mag zunächst überraschen. Er lässt sich aber damit erklären, dass eine Demokratie wie in Slowenien sich auf keinen Fall politisch den autoritären Ansprüchen der noch alleinregierenden Kommunisten in Serbien unterordnen kann. Wenn aber die politischen Inhalte soweit differieren und damit die besagte politische Asymmetrie zu herrschen beginnt, kann die Einheit nur noch in dem äußeren Rahmen einer Konföderation bewahrt werden. Dies ist die Absicht Sloweniens.

Dies ist auch die Absicht der Nachbarrepublik Kroatien, die ebenfalls nach freien Wahlen über ein Mehrparteienparlament verfügt.

In dieser Entwicklung liegt auch die Hoffnung für die Kosovo-Albaner, deren Rechte zunächst außer Kraft gesetzt wurden. Die Tatsache, dass ein größeres Volk das Selbstbestimmungsrecht eines kleineren Volkes missachtet, ist zwar erschreckend, zwingt aber gleichzeitig zu einer perspektivischen Schau der Dinge. Insofern scheint die slowenische Zielvorstellung einer Konföderation auch dem Interesse der Kosovo-Albaner zu entsprechen.

Doch diese Rechnung enthält zwei Unbekannte: Erstens ist unklar, ob Serbien nach einem Wandel zu einem Mehrparteienparlament bereit ist, die viel beschworenen historischen Ansprüche gegenüber dem Kosovo zugunsten eines Selbstbestimmungsrechtes der dortigen Albaner zurückzustellen. Zweitens ist nicht vorauszusehen, wieweit Serbien, das sich selbst durch die Schaffung des Tito-Jugoslawiens territorial benachteiligt sieht, der Umwandlung des Staates in eine Konföderation zustimmen würde. Klar ist jedoch allen Beteiligten, dass bei einem Zerfall Jugoslawiens kaum eine der bisherigen Teilrepubliken eine alleinige Überlebens-Chance hätte.

16.-18. Juli 1990 Die Kommunisten Serbiens benennen sich um und gründen die „Sozialistische Partei Serbiens" (Socijalistička partija Srbije). Slobodan Milošević wird zum Parteichef gewählt.

25. Juli 1990 Serben in der Krajina (Kroatien) gründen einen eigenen Nationalrat und rufen die „Souveränität und Autonomie des serbischen Volkes in Kroatien" aus.

26. Juli 1990 Das kroatische Parlament beschließt die ersten verfassungsrechtlichen Schritte zur Eigenstaatlichkeit. Der Begriff „sozialistisch" wird gestrichen.

1. August 1990 Bosnien-Herzegowina erklärt sich zu einem "souveränen und demokratischen Staat mit gleichberechtigten Bürgern und Nationen".

Explosive nationale Frage

14. August 1990

Mord und Totschlag beherrschen weite Teile der früher seriösen jugoslawischen Presse. Doch es geht nicht um die Gegenwart, sondern um die Vergangenheit, mit der die nationale Frage im Land bis zur Explosion angeheizt wird. Seit sich Slowenien und Kroatien nach den ersten freien Wahlen immer mehr von Gesamtjugoslawien distanzieren, versucht nun Serbien mit einer politischen und publizistischen Offensive vor allem die neue Führung Kroatiens als Nachfolger, zumindest aber als Sympathisanten des kurzlebigen Unabhängigen Staates Kroatien *(Nezavisna Država Hrvatska, NDH)* darzustellen, der 1941 als faschistische Diktatur unter dem Protektorat von Deutschland und Italien gegründet worden war. Damals wurden unter anderem Serben in Kroatien verfolgt.

Anlass für die Belgrader Zeitung *Politika*, jetzt, also 50 Jahre später, zu einer Telefonaktion aufzurufen, die über den – wie es heißt – damaligen Völkermord an den Serben, Juden, Sinti und Roma Auskunft geben sollte. Wie aus der Redaktion der Zeitung zu erfahren war, hatte diese Aktion ein unglaubliches Echo ausgelöst. Denn schon seit Tagen wurde die Bevölkerung durch eine Dokumentarserie in der Belgrader Zeitung darauf vorbereitet, dass die Kroaten und insbesondere die katholische Kirche als sogenannter „Hort des faschistischen Terrors" manche Geheimnisse bis heute verbergen. Die anschließenden Strafaktionen der meist serbischen Partisanen unter Tito, die später zum Sturz des damaligen kroatischen Diktators Ante Pavelić geführt haben, bleiben auf serbischer Seite jedoch unerwähnt. Diese Rechnung präsentieren wiederum die Kroaten, die mit ihrer neuen bürgerlich-konservativen Regierung eine Politik der historischen Abgrenzung gegenüber den Serben begonnen haben.

So hat die neue Mehrheitsfraktion der Demokratischen Kroatischen Union (HDZ) im kroatischen Parlament einen Antrag eingereicht, demzufolge alle Kriegsteilnehmer und deren Nachkommen gleichgestellt werden, egal auf welcher Seite sie gekämpft haben. Damit würden die Soldaten des damaligen diktatorischen Regimes in Kroatien, Mitglieder der Ustascha *(Ustaša),* ebensolche Entschädigungen und Rentenzahlungen erhalten wie die Partisanen Titos.

Wegen „einseitiger Berichterstattung" wird sich Kroatien im kommenden Monat von der jugoslawischen Nachrichtenagentur Tanjug lösen und eine eigenen Nachrichtenagentur betreiben. Auf Anordnung der Straßendirektion von Split sollten sogar die in der serbisch-kyrillischen Sprachvariante geschriebenen Ortstafeln der serbischen Minderheit in Kroatien abmontiert werden. Dies hat zu Protesten der serbischen Minderheit in Kroatien geführt, die mit einem Referendum einen autonomen Status in Kroatien errichten will. Verfassungsrechtlich hat Kroatien dagegen wiederum Einspruch erhoben.

Regierungschef Franjo Tudjman spricht von „staatlichem Terror seitens der Serben".

In dieser Situation wird der jüngste Appell des jugoslawischen Staatspräsidenten an die Vernunft auf beiden Seiten erfolglos verhallen.

Serben in Kroatien

20. August 1990

Die Volksabstimmung der Serben in der Teilrepublik Kroatien, mit der eine Autonomie erzwungen werden soll, spaltet die öffentliche Meinung in Jugoslawien und verschärft den Nationalitätenkonflikt. Gegen den verfassungsrechtlichen Einspruch der kroatischen Regierung haben die Serben mit massiver Unterstützung aus Belgrad das Referendum begonnen. Sie machen Kroatien mit mehr als einer halben Million einen Bevölkerungsanteil von zwölf Prozent aus.

Ein Propagandakrieg in den Massenmedien begleitet diese Volksabstimmung. Zahlreiche Serben reisen aus den übrigen Landesteilen nach Kroatien, um an diesem Urnengang mit teilzunehmen. Sie berufen sich darauf, früher einmal in Kroatien gewohnt zu haben. Ursprünglich war geplant, die Stimmlokale bis zum 2. September geöffnet zu halten.

Doch nach dem massenhaften Andrang glauben die Veranstalter, dass bereits schon bald das Endergebnis vorliegen wird. Hintergrund dieser umstrittenen Aktion ist der politische Kurswechsel in Kroatien und der Streit um die nationale Frage. Die Kritik der Serben entzündete sich an kroatischen Verfassungsänderungen, die deutlich nationale Tendenzen aufweist. So haben die Kroaten die weitere Verwendung der gemeinsamen serbokroatischen Schriftsprache zugunsten von einem reinen Kroatisch aufgegeben. Allerdings ist damit auf dem Papier nur nachvollzogen, was in der Praxis stets üblich war. Denn schon längst haben die Universitäten in Kroatien ebenso wie Funk, Fernsehen und Zeitungen die Zurückdrängung vermeintlicher oder tatsächlicher Serbismen in der kroatischen Bildungs- und Mediensprache betrieben und die rechtliche Gleichstellung von lateinischer und kyrillischer Schrift de facto aufgehoben.

Die Volksabstimmung über eine serbische Autonomie in Kroatien wird von vielen Kroaten als Provokation empfunden. Denn Serbien verfügt in Jugoslawien bereits über die größte Teilrepublik und hat in einer Phase nationaler Hochstimmung in seiner eigenen Teilrepublik für die 1,5 Millionen Kosovo-Albaner alle autonomen Rechte unter Einsatz von Militärgewalt abgeschafft.

> **27. August 1990** Serbien führt das Mehrparteiensystem ein.
>
> **7. September 1990** Kosovo-Albaner verabschieden im Untergrund
> eine Verfassung für die „Republik Kosovo".

Verfassungsreformen in Jugoslawien

11. September 1990

Das politische Schicksal Jugoslawiens wird sich in diesem
Herbst entscheiden. Jedenfalls, wenn es nach den Vorstellungen der Republiken Slowenien und Kroatien geht, die beide
nach freien Wahlen in ihren Parlamenten die staatsrechtlichen
Schritte für eine Umgestaltung der Föderation Jugoslawiens
eingeleitet haben. Das Land steht damit vor der Wahl, sich in
einen Staatenbund unabhängiger Republiken zu verwandeln
oder die Kraftprobe zu suchen, die im schlimmsten Fall als
Bürgerkrieg enden könnte.

Bereits im Juli dieses Jahres hatte die nördlichste Republik
Slowenien eine Souveränitätserklärung verabschiedet, in der
ein Zeitplan für die weitere Entwicklung festgeschrieben
wurde. Daran anschließend hat Slowenien seinen neuen Ver-
fassungsentwurf vorgelegt, der ähnlich auch in der Nachbarrepublik Kroatien diskutiert wird. Ziel ist es, eine Konföderation möglichst als "Vereinigte südslawische Staaten" zu bilden,
deren erste Mitglieder Slowenien, Kroatien sowie die Republik
Bosnien-Herzegowina sein könnten. Vorbild dafür könnten
Organisationsformen der Europäischen Gemeinschaft sein.
Die serbische Verfassungskommission hat auf diese Pläne radikal und eindeutig reagiert. Denn Serbien ist nicht gewillt, einem solchen Staatenbund anzugehören. Serbien will sich stattdessen als eigener Staat konstituieren. Verschärft wird der politische Gegensatz durch die nationale Frage.

Der historische Streit zwischen Serbien und Kroatien hat die Ebene der politischen Polemik schon längst überschritten. Gegenseitige Vorwürfe und Angriffe nehmen bereits das Ausmaß von Völkerverhetzung an. Gleichwohl hat Kroatien auf ein Ultimatum verzichtet, mit dem die Serben in Kroatien zur Rückgabe aller Waffen aufgefordert wurden.

Dagegen hat sich ein Konflikt in der Nachbarrepublik Bosnien-Herzegowina zugespitzt, wo bosnische Serben mit gewaltsamen Demonstrationen den Rücktritt eines muslimischen Betriebsdirektors gefordert haben. Vom Westen weitgehend unbemerkt, steuert das Verhältnis zwischen bosnischen Muslimen und den anderen Nationen in Jugoslawien ebenfalls auf eine dramatische Verschärfung zu. In dieser Lage versucht der Ministerpräsident der gesamtjugoslawischen Regierung Ante Marković vergeblich, für den Zusammenhalt Jugoslawiens zu werben, um sein Programm einer Wirtschaftsreform durchzusetzen. Auch nach seinen Gesprächen in der slowenischen Hauptstadt Ljubljana wird Slowenien den selbstgewählten Zeitplan einhalten und Ende September die Gültigkeit von 44 Bundesgesetzen ganz oder teilweise aufheben, um damit auch den Rückzug aus der gemeinsamen Landesverteidigung einzuleiten.

Ist Jugoslawien noch zu retten?

14. September 1990

Jugoslawien ist nicht mehr zu retten. Jedenfalls in seiner derzeitigen staatsrechtlichen Struktur. Die Verfassungsentwürfe der Republiken Slowenien und Kroatien lassen dem bisherigen föderativen Bundesstaat keine Chance. Die Konzeption Titos ist tot. Das Gleichgewicht der Nationen, das auf einem komplizierten Verfahren von Rotation und Proporz in der Staatsführung bestand, ist zusammengebrochen. Jeder kämpft für sich allein und kaum einer kämpft für das Überleben Jugoslawiens.

In dieser Situation ist der verzweifelte Versuch des gesamtjugoslawischen Regierungschefs Marković, den Bundesstaat zugunsten einer radikalen wirtschaftlichen Gesundung zusammenzuhalten, bereits zum Scheitern verurteilt. Seine werbende Mission in der slowenischen Hauptstadt Ljubljana konnte nur bestärken, was bereits beschlossene Sache ist: Ohne den Wandel von einer Föderation zur Konföderation, also vom Bundesstaat zum Staatenbund, ist an eine weitere politische Gemeinsamkeit Sloweniens mit den übrigen Republiken gar nicht zu denken. In gleiche Richtung entwickeln sich die Debatten im kroatischen Parlament. Die zentrifugalen Kräfte versucht das Staatspräsidium in Belgrad, also die oberste gesamtjugoslawische Instanz, durch den Vorschlag zu einem Referendum zu binden. Das ganze Volk solle darüber abstimmen, wie die künftige Struktur Jugoslawiens aussehen soll. Ob Föderation oder Konföderation. Doch dieser Vorschlag kommt zu spät und liegt haarscharf neben der politischen Realität. Die Einzelrepubliken beanspruchen bereits für sich, ihre Zukunft entschieden zu haben. Volksabstimmungen auf gesamtjugoslawischer Ebene haben daher keine Chance mehr. Die letzten Bemühungen der Zentralgewalt illustrieren damit nur um so deutlicher, wie weit der Prozess in Richtung Auflösung – oder vorsichtig ausgedrückt – Neustrukturierung bereits fortgeschritten ist.

Wenn auch manche Beiträge in der politischen Diskussion eher Randerscheinungen sind, gibt es doch zu denken, dass in kroatischen Zeitungen sogar die Idee einer Konföderation über die jetzigen Staatsgrenzen hinaus auftaucht. Die Geschichte hat gezeigt, dass politische Neuordnungen am Balkan nie von innen heraus, das heißt, von den Betroffenen alleine, bewältigt worden waren.

Früher waren es die europäischen Großmächte wie Russland und die österreichisch-ungarische Doppelmonarchie, die ihren Einfluss und ihre Interessen geltend gemacht haben.

Heute ist Europa als Ganzes gefordert, dem Konfliktherd Jugoslawien zu einer Lösung zu verhelfen. Und zwar nicht mehr im Interesse einer Großmacht, sondern im Interesse der jugo-, also der südslawischen Völker.

Slowenien stoppt Bundesgesetze

28. September 1990

Das Regierungsbündnis bürgerlicher Parteien in Slowenien setzt Schritt für Schritt seine Wahlversprechen in die Tat um. Bereits mit der slowenischen Souveränitätserklärung im Juli dieses Jahres war der Fahrplan für den Ausstieg aus der jugoslawischen Föderation festgeschrieben. Ziel der Slowenen ist es, soviel Eigenstaatlichkeit wie möglich zu erlangen und gleichzeitig mit Hilfe eines neuen Staatsvertrages den bisherigen Bundesstaat Jugoslawien in einen Bund unabhängiger südslawischer Staaten umzuwandeln. Slowenien erhebt deshalb jetzt mit erheblichen Konsequenzen sein Landesrecht über das Bundesrecht Jugoslawiens. 17 Bundesgesetze werden während der noch laufenden Parlamentstagung in Ljubljana aufgehoben und 27 weitere Bundesgesetze teilweise außer Kraft gesetzt.

Der brisanteste Punkt ist für viele Betroffene der Rückzug Sloweniens aus der gemeinsamen Landesverteidigung. Demnach werden slowenische Soldaten künftig nur noch in ihrer Heimat Dienst leisten. Das Oberkommando ist jetzt dem slowenischen Staatspräsidium unterstellt und nicht mehr dem Verteidigungsministerium in Belgrad. Damit wird ein wesentliches Prinzip der jugoslawischen Landesverteidigung aufgegeben, das gerade darauf basierte, die Soldaten verschiedener Nationalitäten in anderen Landesteilen einzusetzen und sie in der gemeinsamen Armeesprache Serbokroatisch zu trainieren, um so eine bessere Integration im Vielvölkerstaat zu erreichen.

Bei möglichen Verhandlungen gegen slowenische Soldaten vor Militärgerichten verlangt Slowenien nun aber die Benutzung der eigenen Sprache. Damit sind praktisch alle Militärrichter der übrigen Republiken blockiert, die zwar neben ihrer Muttersprache[12] noch Serbokroatisch, aber nicht Slowenisch beherrschen müssen. Ferner will Slowenien einen Ersatzdienst für Kriegsdienstverweigerer einrichten.

Dem jugoslawischen Innenministerium will Slowenien mit den Gesetzesänderungen die Oberaufsicht über die Staatssicherheit entziehen. Außerdem wird für Slowenien die im Rest Jugoslawiens geltende Todesstrafe abgeschafft, die schon seit 20 Jahren nicht mehr in Slowenien angewandt wurde. Zum Auftakt der Marathon-Sitzung, auf der die einschneidenden Beschlüsse gefasst wurden, ließ die Regierung an die Parlamentarier in Ljubljana eine Erklärung verteilen. Darin hieß es, dass bestehende jugoslawische Rechtssystem sei zwar veraltet und extrem ineffektiv. Dennoch wolle man es bis zur Einführung der neuen slowenischen Verfassung und einer neuen slowenischen Gesetzgebung teilweise weiter berücksichtigen.

Mit diesen moderaten Tönen kann die Kritik aus Belgrad aber kaum abgeschwächt werden. Denn das Staatspräsidium in Belgrad favorisiert eine landesweite Abstimmung über die künftige Staatsform Jugoslawiens. Dies wird jedoch von Slowenien und Kroatien abgelehnt mit dem Argument, beide Republiken hätten sich bereits in freien Wahlen für eine andere Staatsform entschieden.

---

[12] Neben Serbokroatisch/Kroatoserbisch (auch Serbisch oder Kroatisch) gab es die Amtssprachen anderer Republiken wie Slowenisch und Makedonisch (inzwischen auch Bosnisch und Montenegrinisch) sowie als regionalen Amtssprachen Albanisch, Italienisch, Romani, Rumänisch, Russinisch, Slovakisch, Türkisch und Ungarisch.

Historische Rückbesinnung

4. Oktober 1990

Im Zentrum der kroatischen Hauptstadt Zagreb erinnert ein Denkmal an Bischof Josip Strossmayer, einen Gelehrten, der bereits in der Zeit der Habsburger Monarchie die jugoslawische Idee, nämlich den Zusammenschluss der *jugo-*, also der südslawischen Völker, begründet und gefördert hat. Auf seine Initiative hin gründete der österreichische Kaiser Franz Joseph I. 1866 in Zagreb die „Jugoslawische Akademie" *(Jugoslovenska akademija znanosti i umjetnosti)*. Unweit vom Strossmayer-Denkmal demonstrieren heute Kroaten auf dem Platz der Republik *(Trg Republike,* heute: *Trg bana Josipa Jelačića)* gegen diese jugoslawische Idee.

Die nationalen Rivalitäten der südslawischen Völker hatten es fremden Herrschern immer wieder ermöglicht, Staatsordnungen von außen aufzuzwängen. Dies gelang dem Osmanischen Reich im östlichen Landesteil, dies gelang den Habsburgern im Westen der Balkanhalbinsel. Damit wurde die kulturhistorische Zweiteilung im Gebiet des heutigen Jugoslawien fortgesetzt, dessen historisches Territorium durch die Grenze zwischen dem weströmischen und dem oströmischen Reich geteilt war.

Der Rückgriff in die Geschichte mag verwirren, ist aber die eigentliche Grundlage für den Nationalitätenkonflikt, der in Jugoslawien wieder so vehement aufflammt. Denn die natio-

80

nale Identität der westlichen Kroaten ist durch die Zugehörigkeit zur katholischen Kirche und zur lateinischen Kultur geprägt. Die nationale Identität der östlicher wohnenden Serben ist durch die Orthodoxie und die griechische Kultur bestimmt. Dazwischen leben in Bosnien-Herzegowina muslimische Bosnjaken, die mit ihrem seit 1968 rechtlich anerkannten Anspruch auf eine eigene Nationalität den Konflikt in Jugoslawien um eine weitere Dimension bereichern. Der Anspruch auf Autonomie, den die Minderheiten-Serben in der kroatischen Republik jetzt geltend machen, ist Ausdruck einer Haltung, mit dem viele Serben beweisen wollen, dass sie als größtes Volk auch mit größeren historischen und territorialen Rechten aufwarten dürfen.

Aus kroatischer Sicht fällt das Urteil etwas anders aus: Die Serben sind für sie historisch mehrheitlich „Uskoken" (uskočiti – entfliehen, desertieren), also Flüchtlinge, die ihre Heimat verlassen haben, um vor der osmanischen Herrschaft Schutz im Habsburger Reich zu suchen. Sie wurden just in jenen Landesteilen Kroatiens angesiedelt, die von der sogenannten Militärgrenze gegen das Osmanische Reich durchzogen wurden. Dafür erhielten sie im 17. Jahrhundert Siedlungsrecht sowie besondere Privilegien und leisteten im Gegenzug Hilfe bei der Verteidigung des Kaiserreiches.

Für viele Kroaten kommt die Anwesenheit dieser Serben in der kroatischen Republik eher einem unbefristeten Gastrecht gleich, das man nicht mit der Forderung nach Autonomie zu „missbrauchen" habe. Wenn man jetzt noch einmal auf die religiös-national bedingte Abgrenzung verweist und die balkanische Mentalität mit in Rechnung stellt, kann man unschwer schlussfolgern, welch explosives Potential sich über Jahrhunderte angesammelt hat.

Aktuelle Voraussetzung dafür war der Wegfall des staatsrechtlichen Korsetts, das von Tito in Jugoslawien eingezogen worden war und alle Betroffenen gleichermaßen in ihrer Freiheit eingeschränkt hatte. Mit jedem Schritt Richtung Demokratisierung musste jenes Potential aus historischem und politischem Selbstbehauptungswillen der einzelnen Völker aufbrechen.

Eine rationale Beherrschung dieser Lage erscheint bis auf weiteres aussichtslos. Das Schicksal der Balkanländer wurde über Jahrhunderte hinweg von fremden Mächten bestimmt. Dagegen steht seit dem Zusammenbruch der Großreiche der Osmanen und der Habsburger eine vergleichsweise kurze Epoche von sieben Jahrzehnten der politischen Autarkie, die noch nicht zur Stabilisierung genutzt wurde. Auch jetzt hat es den Anschein, als zerfalle der jugoslawische Balkan in seine alten kulturhistorischen Identitäten, deren Konkurrenz auch zu einer Herausforderung für den Prozess der europäischen Einigung werden kann.

Erste Eskalation

5. Oktober 1990

Verwirrung in der slowenischen Hauptstadt Ljubljana: Zahlreiche offizielle Stellen erfahren erst durch Anrufe westlicher Korrespondenten, dass angeblich das Hauptquartier der slowenischen Volksverteidigung, einer Art Bürgerwehr, von der jugoslawischen Armee besetzt sein soll. Die Lage in der Stadt ist ruhig, so wird versichert. Von Gewaltanwendung der Armee keine Spur. Was sich wirklich abgespielt hat, erläutert das slowenische Informationsministerium, das sich inzwischen über Radio an die Öffentlichkeit wandte mit dem Hinweis, es bestehe kein Grund zur Aufregung.

Slowenien hatte sich mit seiner gesamten Landesverteidigung dem Oberbefehl der Belgrader Zentrale für Friedenszeiten entzogen. Entsprechende Änderungen wurden im slowenischen Parlament beschlossen. Daraufhin berief die slowenische Regierung einen neuen Oberbefehlshaber für die Volksverteidigung, also für die Bürgerwehr, namens Janez Slapar. Offensichtlich wollte sein Vorgänger ihm nicht die Amtsräume überlassen. In der Nacht marschierten dann fünfzehn bis 25 Soldaten der jugoslawischen Armee – die genaue Zahl ist unsicher – in das bisherige Hauptquartier der Volksverteidigung. Dort halten sie sich noch immer auf. Der neue Chef des Hauptquartiers war jedoch gar nicht anwesend. Sie konnten ihn deshalb auch nicht hindern, sein Amt auszuüben. Vielmehr hat das slowenische Informationsministerium verlauten lassen, man habe bereits gestern Abend den Sitz des Hauptquartiers verlegt, so dass auch von einer Besetzung keine Rede sein könne. Im Übrigen setzt der slowenische Stab der Volksverteidigung ungestört seine Arbeit an einem anderen Ort fort.

Hintergrund dieses Streits ist ein kompliziertes System der jugoslawischen Landesverteidigung. Die immer noch gültige Bundesverfassung geht von einem partisanenähnlichen Verteidigungssystem aus, innerhalb dessen die offizielle Armee nur einen Teil der Abwehr übernimmt. Neben diesen Armeeinheiten, die in allen Landesteilen stationiert sind, verfügt jede Republik schon immer über eine eigene Volksverteidigung. Der Oberbefehl über diese Art Bürgerwehr lag ebenfalls stets bei den Republiken. Das gilt sogar für den Kriegsfall. Schüler und Studenten werden daher im Rahmen ihrer Ausbildung jahrelang für einen solchen Partisanenkampf trainiert. Im Kriegsfall ist jeder Bürger, der eine Waffe trägt, Mitglied der Jugoslawischen Armee. Deshalb ist das Verständnis von einer reinen Soldaten-Armee für Jugoslawien völlig falsch.

Slowenien hat jedoch seinerseits der Republikführung den Oberbefehl auch für die reguläre Armee in Friedenszeiten übertragen und die ausschließliche Verwendung der slowenischen Sprache angeordnet. Damit hat Slowenien lediglich eine Lücke in der Bundesverfassung ausgenutzt, die ganz allgemein von einer proportionalen Zusammensetzung des Kommandos, der Führungskader und der Sprachen in der Armee des Vielvölkerstaates ausgeht.

✳✳✳

Die Militärpolizisten, die in der Nacht in das bisherige Hauptquartier der slowenischen Landesverteidigung eingedrungen waren, haben sich in dem Gebäude verschanzt. Es gibt keine Telefonverbindungen nach außen. In Ljubljana wartet man ab, wie lange die Hausbesetzer aushalten werden. Die slowenische Regierung hat die Öffentlichkeit in einem Aufruf beruhigt, dass die Vertreter der Armee lediglich eines ihrer eigenen Gebäude übernommen hätten. Das Hauptquartier der slowenischen Landesverteidigung war bereits zuvor verlegt worden. Hinter der Hausbesetzung wird der bisherige Befehlshaber der slowenischen Territorialverteidigung vermutet, der sein Amt an einen neu ernannten Befehlshaber hätte abtreten sollen. Hintergrund dieser Entwicklung sind die Verfassungs- und Gesetzesänderungen, mit denen Slowenien sich für Friedenszeiten dem jugoslawischen Oberbefehl des Belgrader Verteidigungsministeriums entzogen hat. Wegen der komplizierten Verteidigungsstruktur in Jugoslawien gibt es unterschiedliche Kommandoebenen. Die Volksarmee selbst wird von Belgrad aus befehligt. Die jeweiligen Territorialverteidigungen, eine Art Bürgerwehr, unterstehen den einzelnen Republiken. Für den Einsatz in dieser Organisation besteht eine Wehrpflicht bei Männern bis zu 65 und bei Frauen bis zu 60 Jahren. Die Territorialverteidigung baut auf der Idee eines möglichen Partisanenkrieges auf. Laut Verfassung ist es jeder Kommandoebene in Jugoslawien verboten, jemals eine Kapitulationserklärung zu unterzeichnen. Insofern wird das ineinandergreifende System der Verteidigung als die letzte wirksame Klammer für Gesamtjugoslawien angesehen.

Später Rettungsversuch aus Belgrad

8. Oktober 1990

Die Versuche des jugoslawischen Staatspräsidiums in Belgrad, noch im Laufe des Monats mit eigenen Vorschlägen zur Lösung der Verfassungskrise beizutragen, werden zu spät kommen. Das oberste Gremium der gesamtjugoslawischen Staatsführung will dem zerrissenen Land zwar eine neue Verfassung, aber keine neue staatsrechtliche Form zugestehen. Die Umwandlung einer Föderation in eine Konföderation ist in dieser Verfassungsreform nicht vorgesehen.

Die Kluft zwischen der Zentrale und den beiden nördlichen Republiken ist damit unüberwindbar geworden. Denn der Schritt vom Bundesstaat zum Staatenbund steht in Slowenien und Kroatien unmittelbar bevor. Demnach beanspruchen beide die völkerrechtliche Souveränität, wollen sich in einer Zoll- und Währungsunion zusammenschließen sowie die Landesverteidigung miteinander abstimmen.

Aus anderen Landesteilen Jugoslawiens war dieser Plan bereits mehrfach abgelehnt worden. Kroatische Spitzenpolitiker kündigten an, dass Kroatien sich selbständig machen könne, falls es in Jugoslawien keine weitere Unterstützung für den erwünschten Staatenbund gebe.

Derweil sind mehrere Vermittlungsgespräche in Jugoslawien gescheitert, an denen Serben, Kroaten und Slowenen teilnehmen sollten. Angesichts der gespannten Lage der serbischen Minderheiten in Kroatien kündigte der Vizepräsident des Parlaments in der kroatischen Hauptstadt Zagreb an, man werde „den bewaffneten Aufruhr der Serben in den nächsten Tagen brechen".

Anlass zu dieser drastischen Äußerung dürfte ein Beschluss der serbischen Minderheit in Kroatien sein, keinen Weisungen der Regierung in Zagreb mehr Folge zu leisten. Die serbische Minderheit in Kroatien hatte sich für autonom erklärt. "Wir können die Beschlüsse des kroatischen Parlaments nicht mehr als gültig für die Serben betrachten," argumentierte am Wochenende einer ihrer Spitzenpolitiker in der Belgrader Tageszeitung *Politika*.

Keine Chance für Jugoslawien?

Vermittlungsversuche scheinen keine Chancen mehr im zerstrittenen Vielvölkerstaat Jugoslawien zu haben. Die föderative Einheit ist vorbei, seit die demokratisch gewählten Regierungen der nördlichen Republiken Slowenien und Kroatien sich zu einem Konföderationsmodell bekannt haben, dessen Veröffentlichung jedoch viele Fragen offenlässt. Denn die Gemeinsamkeiten in dem angestrebten jugoslawischen Bund souveräner Staaten begrenzen sich auf das Bekenntnis zur Zolleinheit und einem gemeinsamen Markt. Für alle anderen Bereiche, von der Außenpolitik über die Verteidigung bis hin zur Finanzierung der gewünschten Konföderation, gelten alternierende Vorschläge, über deren Verwirklichung noch keine konkreten Absprachen bestehen.

Gleichwohl birgt dieser Schritt die größte Sprengkraft für Jugoslawien, weil nunmehr die Rückkehr Sloweniens und Kroatiens in die Bundesstaatlichkeit Jugoslawiens ausgeschlossen ist. Gleichzeitig lassen beide Republiken die endgültige Form der Konföderation als Angebot an die übrigen jugoslawischen Republiken offen, die sich möglicherweise der Umwandlung in einen Staatenbund anschließen wollen.

Die Chancen dafür werden erst nach Abschluss der ersten freien Wahlen in Makedonien sowie in Bosnien-Herzegowina zu beantworten sein, die für den November 1990 angesetzt sind. Doch die nationale Zusammensetzung in Bosnien-Herzegowina, der Nachbarrepublik Kroatiens, spricht gegen den Übergang zu einem souveränen Staat, der sich dann einer jugoslawischen Konföderation anschließen würde. Denn in Bosnien-Herzegowina leben 43 Prozent Muslime, 32 Prozent

Serben und 17 Prozent Kroaten. Jede Form von nationalstaatlicher Souveränität würde diese Republik einer inneren Zerreißprobe unterwerfen. Dagegen scheint sich die Republik Makedonien mit dem Gedanken an eine Konföderation anfreunden zu können, vorausgesetzt es gelingt, den albanischen Bevölkerungsanteil von 25 Prozent politisch einzubinden.

Territorial liegen jedoch Serbien und das mit Serbien verbündete Montenegro dazwischen, die ihrerseits auf „jugoslawische Eigenstaatlichkeit" dringen, sollte der Bundesstaat auseinanderfallen.

Die nationalen Rivalitäten, die Bewaffnung der serbischen Minderheiten in Kroatien und der stets drohende Ausbruch eines Bürgerkrieges haben die Spannungen im Land dermaßen angeheizt, dass selbst vergleichsweise harmlose Operationen zu den wildesten Schlussfolgerungen führen. Nur wenige Berichterstatter konnten der Versuchung widerstehen, in der Aktion der jugoslawischen Militärpolizei gegen das ehemalige Hauptquartier der slowenischen Territorialverteidigung in Ljubljana gleich eine gewaltsame Besetzung durch die jugoslawische Armee zu sehen.

Bei aller Problematik, die sich hinter diesem Vorgehen als Ausdruck eines Verfassungsstreites verbarg, reagierte man in den Ministerien von Ljubljana auf diese Aktion eher mit einem mitleidvollen Lächeln statt mit Angst. Slowenien fühlt sich in seiner Entscheidung sicher, die auch von dem früher kommunistischen, jetzt sozialistischen Republikpräsidenten Milan Kučan voll mitgetragen wird. Dies gilt für die Souveränitätserklärung vom April dieses Jahres ebenso wie für die daran anschließenden Verfassungsänderungen, mit denen zahlreiche Bundesgesetzte außer Kraft gesetzt wurden.

Die folgenschwerste Entscheidung dabei war die Unterstellung des Militärs in Friedenszeiten unter die Kommandogewalt des slowenischen Staatspräsidiums. Der Wehrdienst slowenischer Rekruten wird auf das Territorium Sloweniens beschränkt. Damit ist die integrierende Funktion der Armee im Vielvölkerstaat aufgehoben worden.

Während Slowenien sich neben der Option auf einen Staatenbund auch eine völlige Selbständigkeit vorstellen kann, trifft dies für Kroatien derzeit noch nicht zu. Wegen der territorialen Beschaffenheit – Kroatien hat die Form eines Bumerangs –, wegen der starken serbischen Minderheit mit knapp 13 Prozent Bevölkerungsanteil und wegen der Kroaten in der angrenzenden Republik Bosnien-Herzegowina würde ein eigener kroatischer Staat stets einem Identitätsproblem ausgesetzt sein. Denn dieser Nationalstaat wäre nicht identisch mit seiner Einwohnerschaft und umgekehrt wäre das kroatische Volk im südslawischen Bereich nicht identisch mit einem solchen kroatischen Staat. Alte Forderungen nach historischen Grenzen, das heißt, nach einer territorialen Ausweitung des heutigen Kroatiens auf Teile der kroatisch besiedelten Herzegowina, wie sie noch im kroatischen Wahlkampf angeklungen waren, sind inzwischen verstummt.

Doch die Leidenschaften, die sich in der Tagespresse erschreckend widerspiegeln, werden dadurch nicht beschwichtigt.

Die ehemals seriöse Belgrader Tageszeitung *Politika* spricht wörtlich von einem „Pogrom an der serbischen Minderheit" in Kroatien, obwohl die Bewaffnung der Serben unbestritten durch Überfälle auf staatliche Polizeistellen erfolgte. Auch der Hinweis auf die unselige Zeit des faschistischen Ustascha-Regimes in Kroatien suggeriert die Gefahren einer Vernichtungspolitik, die ganz gewiss in deutlichem Gegensatz zur jetzigen Regierung in Zagreb steht. Die Teilnahme der katholischen Kirche in Kroatien an nationalistischen Auswüchsen während des Zweiten Weltkrieges wird von der Belgrader Presse als warnendes Beispiel eingesetzt, demzufolge auch jetzt wieder eine „Regiment des Papstes über das katholische Kroatien" und somit über Jugoslawien drohe.

90

"Ist der Weg aus dem Kommunismus zwangsläufig mit einem Weg heraus aus Jugoslawien verbunden?", schrieb die Zagreber Tageszeitung *Vjesnik* in der Debatte um eine Konföderation. Damit wurde die Kernfrage aufgeworfen. Denn die Auflösung der Strukturen eines Jugo-Kommunismus deckt nur auf, dass in den vergangenen 45 Jahren ein Ausgleich zwischen den Nationen sowie deren Souveränität für Titos Version eines ideologisch geeinten Jugoslawien geopfert wurden.

Im kroatisch-bosnischen Grenzgebiet

14. Oktober 1990

Es ist noch früh am Abend. Die Dämmerung zieht auf. Von dem Minarett der nahen Moschee leuchtet ein Kranz von Glühbirnen herab. Die Una, der Grenzfluss zwischen Bosnien und Kroatien, plätschert in der Gemeinde Bosanski Novi friedlich dahin. An einem Tisch der Ortskneipe auf bosnischer Seite sitzen vier Eisenbahner, ein Muslim, ein Kroate, ein Serbe und ein Montenegriner. Sie hatten wenig zu tun an diesem Tag. „Wir haben nur fünfzehn Züge abgefertigt", meint einer. „Sonst sind es dreimal so viel. Es geht alles so schleppend. Da unten – Sie wissen schon – da sind die Schienen rausgerissen. Der Transport klappt nicht mehr."

Gemeint ist jenes Gebiet um Knin, in dem sich Vertreter der serbischen Minderheit in Kroatien bewaffnet haben, den Transport unterbrechen und für ihre Rechte kämpfen. Am abendlichen Stammtisch diskutieren die Eisenbahner im Grenzgebiet mit dem fremden Gast bei einem Gläschen Rakija die Vorzüge und Nachteile einer neuen politischen Ordnung in Jugoslawien. Alle sind sich dabei einig: Jugoslawien darf nicht zerfallen. Das Herz Jugoslawiens, so argumentieren sie, sei Bosnien. Denn hier leben die Völker am stärksten gemischt beisammen.

Am Nachbartisch hören einige Gäste gespannt zu, beobachten misstrauisch mein Tonbandgerät. Ein Fremder, zumal ein Deutscher, der ihre Sprache spricht und sich für die nationale Frage interessiert, muss verdächtig sein.

Jemand geht weg, kommt mit einem Polizisten zurück. Der Polizist wendet sich an den Ausländer:

„Welches Recht haben Sie, hier die Leute zu befragen?", beginnt er etwas herrisch das Verhör?

„Welches Recht haben Sie, solche Fragen zu stellen", antworte ich nicht weniger zaghaft.

„Zeigen Sie mir eine Erlaubnis, dass Sie in unserem Land Interviews führen dürfen!"

„Ein solches Gesetz existiert schon seit Jahren nicht mehr", wehre ich mich.

Unruhe am Tisch.

„Demokratie, wir haben Demokratie, jetzt ist es vorbei mit dem Kommunismus", poltern einige.

Der Polizist lässt nicht locker. Er nimmt meine Papiere ab, den Pass und den Ausweis für meine Akkreditierung als Auslandskorrespondent.

Über Sprechfunk fordert er Verstärkung. Vier Mann kommen, beziehen Posten. Einer verschwindet mit den Papieren. Eine Zivilstreife kommt zur Hilfe, nimmt das Gebiet unter Kontrolle.

Es dauert keine ganze Stunde, dann ist der Spuk vorbei. Ich bekomme die Papiere zurück. Dann nimmt mich jemand beiseite. Ausgerechnet der Mann, der die Polizei geholt hat:

„Wir haben hier Angst vor Provokateuren. Sie müssen das verstehen. Überall tauchen Leute auf, hetzen gegen irgendeine Nation. Gerade hier im Grenzgebiet passiert das häufig. Und dann kann immer etwas explodieren."

Alltag zwischen zwei Republiken, die – immerhin noch – zu demselben jugoslawischen Staat gehören.

Rückkehr von Ban Jelačić in Zagreb

15. Oktober 1990

"Erhebe Dich, Ban Jelačić, Kroatien ruft Dich". Dieses Lied war jahrzehntelang in Jugoslawien verboten. Doch jetzt kehrt Ban Jelačić (1801-1859) zurück. Symbolisch als Denkmal, das 1947 von den Kommunisten abgerissen worden war. Die kroatische Hauptstadt Zagreb feiert ihre nationale Wiedergeburt. Der Platz der Republik (Trg Republike), ist nun in Jelačić-Platz (Trg Bana Josipa Jelačića) umbenannt worden.

In der Mitte des Platzes reitet wieder der Statthalter Kroatiens. Er hatte in der Mitte des letzten Jahrhunderts die Leibeigenschaft beseitigt und nationale Interessen der Kroaten gegen die österreichisch-ungarische Monarchie durchgesetzt. In den Schaufenstern liegen Bildbände und Bücher:

Ban Jelačić – ein Liebling des kroatischen Volkes, lautet ein Titel. Ein Nachdruck seiner Verordnung gegen die Leibeigenschaft findet reißenden Absatz für den Fantasiepreis von mehr als vierzig Deutsche Mark (DM). Alte Zagreber verfolgen gerührt die letzten kosmetischen Korrekturen an dem neuen Denkmal:

„Das Denkmal bedeutet für uns die Rückkehr der Identität, und zwar für das ganze kroatische Volk", meint eine feingliedrige, ältere Dame, die noch selbst das Original-Standbild und dessen Abriss 1947 durch die Kommunisten erlebt hat. Ein unbeschreibliches Gefühl der Freude sei das für sie, betont sie wiederholt.

Der alte Herr neben ihr formuliert nachdenklich: „Frei zu sein, heißt doch, sich frei bewegen und frei denken zu können. So etwas gab es lange nicht, weder vor 1918 noch in der Zeit nach 1945."

Im historischen Museum von Zagreb kann man eine verblüffende Parallele entdecken. Unter Ban Jelačić wurde 1848 dem Kaiserhaus in Wien ein Programm vorgelegt, das in vielen Punkten den heutigen Forderungen Kroatiens nach einer Konföderation entspricht.

Doch einen historischen Fehler wollten die Zagreber nicht mehr wiederholen. Die neue Reiterstatue des alten Idols richtet das Schwert nicht mehr nach Norden Richtung Ungarn von wo für die Kroaten das „Ungemach der Madjarisierung" kam. Jelačić wurde umgedreht und reitet nach Süden. Sein Schwert allerdings ist nun leicht nach oben gekrümmt und suggeriert von der Seite gesehen eine neue Stoßrichtung nach Osten, wo geografisch Serbien liegt.

Dramatische Warnung aus Belgrad

17. Oktober 1990

Während sich noch das Bundesparlament in Belgrad über Verfahrensfragen stritt, begann die jugoslawische Nachrichtenagentur *Tanjug* bereits, die Konzeption für ein neues Jugoslawien vorzustellen. Ursprünglich war geplant, dass dieses Konzept von dem gegenwärtigen Staatspräsidenten Borisav Jović bereits heute im Bundesparlament von Belgrad vorgetragen wird. Die neue Konzeption sieht vor, dass Jugoslawien zwar Bundesstaat bleibt; doch im Gegensatz zur bisherigen Verfassung wird für den Austritt einzelner Republiken ein konkretes Verfahren vorgeschlagen. Demnach soll auf dem Weg der Volksabstimmung innerhalb einer Republik über einen solchen Austritt entschieden werden.

Die Zusammensetzung der Bundesversammlung, wie das Parlament in Belgrad heißt, soll ebenso wie die Zusammensetzung der Bundesgerichte stärker die einzelnen Republiken berücksichtigen. Die Teilrepubliken werden demnach als Staaten bezeichnet, die zwar „ihre souveränen Rechte innerhalb Jugoslawiens verwirklichen", darüber hinaus aber „nach Maßgabe ihrer jeweils eigenen Verfassungen weitgehend selbständig" sind.

Jede Republik soll künftig eigene autonome Gebiete bilden und diese autonomen Gebiete ihrer jeweiligen Republikverfassung unterstellen. Im Fall des Kosovo hieße dies, die Albaner müssten sich der serbischen Verfassung unterordnen. Im Fall der serbischen Minderheit in Kroatien wiederum hieße dies, sie könnten möglicherweise ein Recht auf Autonomie geltend machen. Die Minderheitenrechte sehen vor, dass nicht nur die sprachliche Erziehung und die kulturelle Pflege, sondern auch die Massenmedien in den jeweiligen Minderheitensprachen zugelassen sind. Angesichts der Tatsache, dass den Albanern im Kosovo praktisch ihre gesamten Massenmedien von der Regierung in Belgrad abgeschafft wurden, könnte sich hier ein Einlenken der serbischen Seite andeuten.

Der Reformvorschlag geht weiterhin von einem gemeinsamen Markt und einer gemeinsamen Währung aus, will jedoch auf Bundesebene die bisherigen Länder- oder Republikkammern stärken. Dies schließt auch die Möglichkeit ein, dass abweichende Lösungen in einzelnen Republiken durchgesetzt werden können, auch wenn sich darüber auf Bundesebene keine Einigung erzielen lässt. Dies scheint ein Entgegenkommen gegenüber Slowenien und Kroatien zu sein, die bereits weitergehende Pläne vorgelegt haben. Für diese beiden Republiken hat der Reformvorschlag aus Belgrad jedoch keine Bedeutung mehr. Denn Slowenien und Kroatien sind entschlossen, einen völlig anderen politischen Weg zu gehen.

18. Oktober 1990

Die Belgrader Tageszeitung *Politika* bietet ihren Lesern bereits als Lektüre, was erst noch von amtlicher Seite im Bundesparlament vorgetragen werden soll. Die mit Spannung erwartete Rede des amtierenden jugoslawischen Staatspräsidenten Jović. Bereits am Abend zuvor hatte das Fernsehen Inhalte der Rede verbreitet.

In dramatischen Worten beschwört der Staatschef, der in der kollektiven Führung sein Amt jeweils nur für ein Jahr ausübt, die aktuelle Lage in Jugoslawien, das kurz vor dem Chaos, vor einem Bürgerkrieg und dem Zerfall stehe. Nach seiner Darstellung herrscht in fast jeder Familie Angst. Die Staatsorgane einzelner Republiken – so Jović – kommunizieren teilweise gar nicht mehr oder nur noch über die Massenmedien miteinander. Als besonders tragisch schildert er die Tatsache, dass bewaffnete Aufstände von Separatisten sowie historische

Rückgriffe auf die zerrissene Lage des Landes während des Zweiten Weltkrieges immer mehr Anhänger finden. Gleichzeitig beschuldigt er die Teilrepublik Slowenien, mit ihrer Reformpolitik die gültige Bundesverfassung verletzt zu haben.

Jović plädiert für die Beibehaltung der bisherigen Staatsform, einer Föderation. Doch in einem Punkt macht er ein überraschendes Zugeständnis. Den Vorschlag der Republiken Slowenien und Kroatien, Jugoslawien in einen Staatenbund, also in eine Konföderation, umzuwandeln, hält er für ebenso legitim. Deshalb – so die Anregung des Staatspräsidenten – sollen beide Modelle von allen Republiken diskutiert werden, um dann über das Schicksal Jugoslawiens zu entscheiden. In einem ergänzenden Reformpapier des Staatspräsidenten wird erstmals angestrebt, das Recht der Republiken auf Austritt aus Jugoslawien als eigenen Verfassungsartikel zu verankern.

Besonders die serbischen Massenmedien räumen diesen Vorschlägen breiten Publizität ein. Doch der weitere Verlauf der stürmisch begonnenen Parlamentssitzung ist völlig unklar. Zunächst soll als Kompromiss der Abgesandte von Kroatien, Stjepan „Stipe" Mesić, in die kollektive Staatsführung aufgenommen werden, der später auch routinemäßig das Amt des Staatspräsidenten übernehmen müsste. Der neue kroatische Vertreter ist ein Vertrauensmann des neu gewählten kroatischen Präsidenten Franjo Tudjman und wurde vom Parlament zunächst als „nationalistisch" abgelehnt. Wäre es bei dieser Ablehnung geblieben, dann wäre Kroatien auch nicht mehr in der jugoslawischen Staatsführung vertreten.

Nationale Euphorie - nationale Spannung

19. Oktober 1990

Auf dem zentralen Platz der kroatischen Hauptstadt Zagreb wirbt eine kleine Splitterpartei um Unterschriften. Sie protestiert gegen die bürgerlich-konservative Regierung, die sich gerade anschickt, Kroatien in einen souveränen Staat umzuformen. Die Splitterpartei fordert noch mehr. Sie will „altes kroatisches Territorium" zurückhaben. Auf ihren Plakaten erscheint der Schlachtruf: „Gott und die Kroaten – Kroatien den Kroaten."

Die Anhänger dieser Bewegung glauben, ihr neuer Staat habe Anrecht auf „verlorene Ostgebiete", die heute zur Nachbarrepublik Bosnien-Herzegowina gehören. Diese nationale Euphorie ist noch vor wenigen Monaten von der jetzigen Rgierungspartei geschürt worden. Als es um die Abwahl der kommunistischen Vorherrschaft ging, warb die *HDZ (Hrvatska Demokratska Zajednica)*, die Kroatische Demokratische Union, die jetzt die Regierung stellt, mit gewaltigen und dröhnenden Versprechen:

- Allen Kroaten und allen Bürgern Kroatiens soll die Würde zurückgegeben werden.
- Kroatien wird in einen souveränen Staat umgewandelt.
- Jedem Einwohner werden Frieden, Recht und ein menschenwürdiges Leben garantiert.

Der Mann, der für dieses Programm einstand, war Partisanengeneral unter Tito, später Historiker und Dissident. Jetzt amtiert er als erster bürgerlicher Präsident Kroatiens in der Nachkriegszeit. Franjo Tudjman, geboren 1922. Seitdem er die Wahlen gewonnen hat, klingen seine Losungen weniger nationalistisch. Den Kampf bewaffneter Serben, die als Minderheit in Kroatien Straßen blockieren, Bahnschienen sprengen und den Nord-Süd-Verkehr behindern, bezeichnet Tudjman als „Terrorismus". Wenn er auch die zentrale Staatsführung in Belgrad und die Armee ablehnt, fordert er doch in einem Punkt deren Solidarität: „Das Staatspräsidium und die Armee sollen sich in einer Erklärung gegen die Terroristen stellen und uns ermöglichen, dass wir auf demokratischem Weg – oder falls das nicht möglich ist – mit unseren Polizeikräften die Ordnung wiederherstellen."

Doch mehr Gemeinsamkeiten mit der zentralen Staatsführung Jugoslawiens strebt der kroatische Präsident nicht an. Denn er will den Bundesstaat in einen Staatenbund umformen, von der Föderation zur Konföderation. Sein Partner auf diesem Weg ist Slowenien, dessen Präsident Kučan, ebenfalls ein früherer Kommunist, sich immer schon gemäßigter geäußert hat als alle anderen Politiker des demokratischen Aufbruchs. Gleichwohl sieht auch Kučan in der nationalen Frage die existenzielle Herausforderung für Jugoslawien:

„Ich möchte sagen, dass der Nationalismus das größte Gefahrenpotential ist, wodurch der Prozess der Demokratisierung verhindert werden könnte. Die nationale Frage ist nicht adäquat gelöst. Auch für Slowenien besteht der Weg zu einer neuen Einheit der jugoslawischen Völker nur über die Bildung eines souveränen slowenischen Staates."

Völlig hilflos sind dagegen Jugendliche, die im Herzen Jugoslawiens aufgewachsen sind. Eine Schulgruppe von Sechzehnjährigen in Bosnien, jenseits der kroatischen Grenze, kann mit dem Nationalitätenstreit wenig anfangen. Sie stehen ganz in der Tradition titoistischer Erziehung. Sie wurden noch mit dem Slogan erzogen: „Mi smo Titovi – Tito je naš", was sinngemäß bedeutet: „Wir gehören Tito – Tito gehört uns". Davon leiten sie heute ihr Bekenntnis ab: „Wir sind Jugoslawen, nichts Anderes. Aber das soll jetzt anders werden. So wie bisher soll es bleiben. Das hat uns gereicht. Wir sind eben Jugoslawen. Alle haben uns das so beigebracht. Tito – das ist Jugoslawien."

Verblüffend ist ihre Reaktion auf die bevorstehenden, ersten freien Wahlen, die nach Slowenien und Kroatien nun auch in Bosnien-Herzegowina und anderen Republiken stattfinden sollen: "Also wir sind dagegen, weil durch diese Wahl Jugoslawien geteilt wird. Jetzt kommt so ein Mehrparteiensystem, dann kann es keine Einheit mehr geben." Die Jugendlichen leben just in jenem Grenzgebiet, das von kroatischen Nationalisten zurückgefordert wird. Aber auch von serbischer Seite stellen Nationalisten ihre Forderungen an die zentral gelegene Teilrepublik Bosnien-Herzegowina.

Trotz aller Schärfe hat der Nationalitätenstreit bei den Bosnjaken, wie sich die bosnische Muslime bezeichnen, den Volkswitz belebt, in dem sie sich über die Gebietsforderungen der westlichen Kroaten und der östlichen Serben lustig machen. In der Kneipe ist zu hören: „Hassan fragt, was die Nachbarn von seinem geliebten Bosnien denn wollen. Nun, so erfährt er, der serbische Präsident Milošević will Bosnien bis zum westlichen Grenzfluss Una und der kroatische Präsident Tudjman will Bosnien bis zum östlichen Grenzfluss Drina. Gut sagt Hassan, dann nennen wir die Una Drina, und die Drina Una, und jeder soll haben was er will."

Hinter diesem Witz steckt auch politische Überlebenstaktik, mit der sich viele Menschen in Bosnien-Herzegowina den Weg für die weitere Entwicklung im Land freihalten wollen. Sie wollen weder Serben noch Kroaten verprellen. Und was sich schließlich ergibt, wird sich noch zeigen. Die Mentalität der islamisch geprägten Landesteile unterscheidet sich in diesem Punkt von den oft scharfzüngigen, nationalen Argumentationen der umliegenden Völker. Doch erst nach Abschluss aller freien Wahlen, die im November in Bosnien-Herzegowina und in Makedonien, im Dezember dann in Serbien und Montenegro stattfinden, kann über das Schicksal Jugoslawiens halbwegs demokratisch entschieden werden.

Wahlen in Makedonien

11. November 1990

Die Wahlen in der Teilrepublik Makedonien bilden den Auftakt, um das politische Ungleichgewicht in Jugoslawien zu beseitigen. Denn bislang hatten nur die nordwestlichen Republiken Slowenien und Kroatien in freien Wahlen ihre Parlamente bestimmt. Die südöstlichen Republiken werden dagegen immer noch von kommunistisch orientierten Einparteien-Regierungen geführt. Bis Jahresende werden aber auch in den jugoslawischen Teilrepubliken Bosnien-Herzegowina sowie Serbien und Montenegro freie Wahlen durchgeführt. Erst danach können die neuen Parlamente über die künftige Staatsform Jugoslawiens bestimmen. Zu den ersten freien Wahlen in Makedonien sind zwölf Gruppierungen angetreten, die praktisch das gesamte Spektrum bürgerlicher Parteien abdecken. Etwa 1,3 Millionen Wahlberechtigte konnten sich unter mehr als tausend Kandidaten entscheiden, die sich um insgesamt 120 Parlamentssitze bewerben. Beobachter gehen von einer starken Zersplitterung der politischen Kräfte aus, sodass möglicherweise erst nach zwei Wochen in einer weiteren Wahlrunde die Entscheidung über die neue Machtverteilung fallen wird. Erstmals ist bei diesen Wahlen die Partei des gesamtjugoslawischen Ministerpräsidenten Ante Marković angetreten, der mit seiner überregionalen Parteiorganisation „Bund der Reformkräfte Jugoslawien" *(Savez reformskih snaga Jugoslavije)* gegen den Separatismus der Teilrepubliken und für den Erhalt Jugoslawiens wirbt. Dagegen verstehen sich die übrigen Gruppierungen in den Teilrepubliken meist als nationale oder regionale Parteien.

Dem Abschneiden dieser gesamtjugoslawischen Partei kommt daher bei den Wahlen in Makedonien ein bedeutender Stellenwert zu, weil daran auch die Chancen für das Überleben Jugoslawiens wenigstens tendenziell abgelesen werden könnte.

Auch bei den kommenden Wahlen in den restlichen Landesteilen will diese gesamtjugoslawische Partei antreten. Dagegen deutet sich bereits in der Teilrepublik Montenegro Widerstand an. Angeblich sabotieren dort Anhänger der noch regierenden Kommunisten mit massiven Störaktionen den Wahlkampf der Marković-Partei. Deshalb hat Ministerpräsident Marković in einem spektakulären Aufruf gefordert, dass die bevorstehenden Wahlen in Montenegro Anfang Dezember unter internationale Kontrolle gestellt werden sollen.

Noch komplizierter sieht die Lage in Serbien aus, wo gleichzeitig mit Montenegro freie Wahlen stattfinden sollen. Zahlreiche oppositionelle Parteien haben bereits zu einem Wahlboykott aufgerufen, weil sie die Chancengleichheit gefährdet sehen. Den Führungskräften der bisher regierenden Kommunisten wird von der Opposition ungezügelter Machtmissbrauch vorgeworfen. Unter politischen Beobachtern wird davon gesprochen, dass sich in Serbien hinter der Fassade der nationalen Erneuerung eine versteckte Diktatur des starken Mannes Slobodan Milošević etabliert habe. Vermutlich wird daher das politische Hauptgewicht für das Schicksal des Landes weder in Makedonien noch in Serbien und Montenegro liegen, sondern in der zentralen Teilrepublik Bosnien-Herzegowina, wo in der kommenden Woche gewählt wird. Territorial erstreckt sich Bosnien-Herzegowina in einem bogenförmigen nordwestlichen Grenzverlauf entlang der Teilrepublik Kroatien und grenzt im Osten an Serbien und Montenegro. Diese zentrale Teilrepublik wäre der Wunschpartner von Slowenien und Kroatien für eine künftige Konföderation. Ohne die Teilnahme von Bosnien-Herzegowina dürften solche Konföderationspläne kaum zu verwirklichen sein.

Sarajewo

14. November 1990

Das klassische Gymnasium in Sarajewo stellt die Schüler vor eine schwere Entscheidung. Sie müssen zwischen einer westlichen oder einer östlichen kulturellen Ausrichtung wählen. Das heißt, sie wählen entweder den Schulzweig mit den Fremdsprachen Latein und Griechisch oder aber Türkisch und Arabisch. Von dieser Zweiteilung ist Sarajewo geprägt. Um zwölf Uhr mittags ruft in der Innenstadt der Muezzin vom Minarett zum Gebet. Wenige Schritte weiter läutet eine katholische Kirche den Angelus. Und wer sich in der Nähe eines orthodoxen Klosters befindet, kann den Schlag eines Holzklöppels vernehmen, der ebenfalls zur geistlichen Besinnung mahnt.

Vor einem halben Jahrtausend, als Bosnien zum Osmanischen Reich gehörte, errichtete ein türkischer Herrscher einen Hof nahe dem Fluss Miljačka: Wirtschafts- und Verwaltungsgebäude, eine Unterkunft für die Soldaten, ein Gebetshaus — kurz: alles was sich im Bereich eines sogenannten Saray (Serail), eines Herrschaftsareals, befindet. Auf der anderen Seite des Flusses gesellte sich ein Gästehaus für große Handelskarawanen hinzu, die aus dem Orient ihre prachtvollen Stoffe, Schmuck und Gewürze in das Abendland schafften. Also eine Karawanseraj. Daraus entstand der Ortsname Sarajewo.

Bis heute ist die Stadt ihrem Gründungscharakter treu geblieben. In der Kazandžiluk, der Kupfergasse, hämmern Männer auf niedrigen Hockern Ornamente in Kupferteller. Beredte Händler üben sich in stundenlangem Feilschen. In balkanischer Gemächlichkeit schlürfen sie türkischen Kaffee, der auch dem Gast in einer Džezva, einer kleinen Messing- oder

Kupferkanne mit langen Stil, serviert wird. Neben der monumentalen Gazi-Husref-Beg-Moschee, der größten und ältesten Moschee in Bosnien aus dem Jahr 1530, wird in eigenen Schulen und Fakultäten der klerikale Nachwuchs für den Dienst im Namen Allahs ausgebildet.

In der Moschee hängt ein kunstvoller Schriftzug an der Wand, in Blattgold ausgelegt. Die ersten Worte des Koran – ein Geschenk des Wiener Kaiserhauses mit dem Jahresaufdruck 1313. Dahinter verbirgt sich die islamische Zeitrechnung. Denn 1313 ist nichts Anderes als unser Jahr 1893, als sich Bosnien bereits unter österreichischer Herrschaft befand. In Sarajewo gehen auch die Uhren anders. So gibt es einen Turm aus türkischer Zeit, auf dessen Uhr die zwölfte Stunde immer mit dem Sonnenuntergang zusammenfällt.

Sarajewo gibt manche Geheimnisse erst auf den zweiten Blick preis. Ein verwittertes Schild an einem Hauseingang lautet: „Klavir štima i reparira Professor Lukašić" – Das Klavier stimmt und repariert Professor Lukasic. Drei Wörter, zur Zeit der österreichischen Herrschaft aus dem Deutschen entlehnt. Drei Denkmäler der Vergangenheit.

Um die Altstadt herum ist eine moderne Stadt gewachsen. Hochhäuser, breite Straßen, Kaufhäuser, komfortable Hotels. Doch wer Sarajewo wirklich kennenlernen will, muss durch die modernen Betonhüllen der heutigen Großstadt in den Kern vordringen, um zu verstehen, was balkanische Kulturmischung bedeutet.

Religion und Nation in Bosnien

14. November 1990

Das heutige Gebiet von Bosnien und Herzegowina litt historisch gesehen jahrhundertelang unter der religiösen Konkurrenz von zwei Glaubensgemeinschaften: Die römisch-katholische Kirche vom Westen und die byzantinisch-, dann serbisch-orthodoxe Kirche vom Osten her machten ihre Ansprüche geltend. Denn die Kulturscheide zwischen Ost- und Westrom verlief durch Bosnien. Die katholischen Kroaten und die orthodoxen Serben stießen in ihren Siedlungsgebieten hier aneinander.

Von dieser Konkurrenz profitierte eine eigene bosnische Kirche. In Konkurrenz dazu oder auch in teilweiser Überlappung – die Interpretationen hierüber sind widersprüchlich – hat sich in Bosnien das Bogomilentum festgesetzt. Das war eine in Bulgarien entstandene, gnostizistische christliche Lehre. Gerne wird heute dieses Bogomilentum als Grundstein einer späteren Islamisierung der Bosnjaken genannt. In Wirklichkeit war alles differenzierter und es dauerte 150 Jahre, bis die Mehrheit der Bosnjaken im Osmanischen Reich islamisiert waren.

Auf jeden Fall ist diese religiös-kulturelle Prägung zu einem Baupfeiler nationaler Identität der bosnischen Muslime, den Bosnjaken, geworden. Mit der Islamisierung konnten sie ihre Sozialstruktur und ihren Besitzstand erhalten und sich endgültig der religiösen Konkurrenz der römischen Katholiken und der serbischen Orthodoxen entziehen. Die bosnischen Muslime überlebten den Zerfall des Osmanischen Reiches und kamen unter die Herrschaft der österreichisch-ungarischen Doppelmonarchie.

In dem damaligen Vielvölkerstaat waren die Muslime schon seit 1912 von Wien aufgrund eines „Islamgesetzes“ als Religionsgemeinschaft registriert. Dieses Gesetz bildet bis heute die Grundlage für den öffentlichen Rechtsstatus der islamischen Glaubensgemeinschaft in Österreich.

In dem jugoslawischen Vielvölkerstaat, den Tito geschaffen hat, galten die bosnischen Muslime zunächst nicht als eigene Nation. Sie konnten sich nur unter den Begriffen „serbische Muslime“ oder „kroatische Muslime“ registrieren. Dann wurde auch diese Möglichkeit gestrichen und der Nationalitätsbegriff „Jugoslawe“ eingeführt. Daher hatte Bosnien-Herzegowina den höchsten Anteil an „nationalisierten“ Jugoslawen. Doch seit Mitte 1968 wurden bosnische Muslime als eigene Nation in Jugoslawien anerkannt. Damit erhielten die mehrheitlich islamischen Einwohner der Teilrepublik Bosnien-Herzegowina – ähnlich wie in Kroatien, Makedonien, Serbien oder Slowenien – die Möglichkeit, sich als Titularnation zu empfinden.

Das Bekenntnis zur jugoslawischen Nation war seither in Bosnien-Herzegowina auf ein Prozent gesunken und wurde bei den meisten durch die Bezeichnung *muslimanski*, muslimisch ersetzt. Neben dem Islam sind die christlichen Glaubensgemeinschaften noch stark vertreten. Deshalb ist die Teilrepublik Bosnien-Herzegowina gewissermaßen der Kernpunkt des jugoslawischen Vielvölkerstaates, an dem sich das Schicksal des Landes entscheiden könnte.

17. November 1990 Neugründung der Kommunistischen Partei/Bewegung für Jugoslawien in Belgrad.

17./25. November 1990 Wiederholung der ersten freien Wahlen in Makedonien mit starken Gewinnen für die nationale, antikommunistische VMRO-DPMNE (Innere Makedonische Revolutionäre Organisation-Demokratische Partei für die Makedonisch-Nationale Einheit). Die Kommunisten werden zweitstärkste Kraft.

18. November/2. Dezember 1990 Erste freie Wahlen in Bosnien-Herzegowina. Das Wahlergebnis bestätigt proportional die drei Nationalparteien der Muslime, Serben und Kroaten.

Wahlkampf in Bosnien

15. November 1990

Die Programmvielfalt der etwa 40 verschiedenen Parteien, die in Bosnien-Herzegowina antreten, ist verwirrend. Meinungsumfragen im Vorfeld dieser Wahlen gelten als höchst unzuverlässig. Gleichwohl wird dieser Urnengang als Testfall für ganz Jugoslawien angesehen. Denn in Bosnien-Herzegowina leben die beiden größten zerstrittensten Völker Jugoslawiens, die Serben und die Kroaten, mit den Muslimen zusammen, die freilich den größten Bevölkerungsanteil stellen. Deshalb konkurrieren auch drei große Nationalparteien, die der Serben, der Kroaten und der bosnischen Muslime miteinander. Rein rechnerisch könnte sich eine Koalition zwischen den Muslimen und den Kroaten ergeben, deren Bevölkerungsanteil zusammen deutlich über 60 Prozent beträgt. Genau dies befürchten aber die Serben in Bosnien-Herzegowina, weil damit auch über das weitere Schicksal Jugoslawiens eine wichtige Vorentscheidung fallen würde.

Eine Koalition der bosnischen Muslime mit den Kroaten würde das gesamtjugoslawische Gewicht zugunsten einer

Konföderation verschieben, wie sie von Slowenien und Kroatien gefordert wird. Die Serben haben deshalb schon im Wahlkampf einen eigenen Nationalrat gebildet, der ihre möglichen Autonomierechte wahren soll. Besonders problematisch sind nationalistische Forderungen in den Nachbarrepubliken Kroatien und Serbien. Denn von beiden Seiten werden territoriale Ansprüche an Bosnien-Herzegowina erhoben. Als Ausweg aus dieser multinationalen Konfliktsituation bietet sich der jugoslawische Ministerpräsident Marković mit seiner Partei an, die den gesamtjugoslawischen Anspruch aufrechterhält und sich nicht als Interessenverband einer einzelnen Nation versteht.

Schon im Vorfeld der Wahlen haben führende Politiker verschiedener Parteien ihre Befürchtung geäußert, dass bei der national aufgeheizten Lage eine reibungslose Abstimmung kaum möglich sein wird. Nach Bosnien-Herzegowina mit drei Millionen Wahlberechtigten müssen im Dezember noch die Teilrepubliken von Serbien und Montenegro wählen. Politische Beobachter zweifeln jedoch daran, dass in diesen beiden letzten Teilrepubliken die Voraussetzungen für echte freie Wahlen bereits gegeben sind.

> **9. Dezember 1990** Erste freie Wahlen in Serbien und Montenegro.
> Die Wahlen werden von den Albanern im Kosovo boykottiert.
> Die Sozialisten in Serbien und die Kommunisten in Montenegro erhalten jeweils die Zweidrittelmehrheit.

Wahlen in Serbien und Montenegro

7. Dezember 1990

An diesem Wochenende finden in den jugoslawischen Teilrepubliken Serbien und Montenegro die ersten freien Wahlen statt. Politisch bedeutungsvoll sind vor allem die Wahlen in Serbien, mit 9,2 Millionen Einwohner die größte Teilrepublik. In Montenegro leben knapp 600.000 Menschen. In Serbien bewerben sich 53 Parteien um die 250 Sitze im Parlament. Im gleichen Wahlgang wird auch der künftige Präsident Serbiens gewählt. Größte Chancen werden dem amtierenden Präsidenten Slobodan Milošević eingeräumt. Unter seiner Führung haben sich die serbischen Kommunisten in Sozialisten umbenannt und eine betont nationale Politik betrieben. Sein gefährlichster Rivale ist der Führer einer nationalistischen Erneuerungsbewegung, Vuk Drašković, der vor allem unter Jugendlichen große Popularität genießt und besonders die religiösen Gefühle der orthodoxen Serben in seinem Wahlkampf anzusprechen versucht. Die heutige Republik Kroatien, die nach Unabhängigkeit strebt, soll nach dem Willen dieses und anderer Nationalisten wie Vojislav Šešelj in autonome Gebiete aufgelöst werden.

Als mögliches Ergebnis könnte bei den serbischen Wahlen zwar der sozialistische Präsidentschaftskandidat gewinnen, doch die Nationalisten könnten als große, wenn nicht gar als größte Fraktion in das Parlament einziehen. Chancenlos sind dagegen solche Parteien, die für ganz Jugoslawien werben und dabei auf nationale Parolen verzichten.

Ebenso chancenlos sind auch die rund 1,5 Millionen Kosovo-Albaner, deren Gebiet zu Serbien gehört. Sie haben sich zu einem Wahlboykott entschlossen. Praktisch keine einzige Partei in der Teilrepublik Serbien setzt sich aktiv für die Menschenrechte dieser Kosovo-Albaner ein, die in den letzten Monaten alle wesentlichen Autonomierechte verloren haben.

***

Die Völker Jugoslawiens liegen im Dissens miteinander. Sie verfolgen nicht mehr dieselben politischen Ziele. Sie benutzen nicht mehr dasselbe politische Vokabular. Die Nationalisierung der Politik hat zu einer Atomisierung der Gesellschaft geführt. Die bisherigen Wahlen in den vier Teilrepubliken Slowenien, Kroatien, Makedonien sowie Bosnien-Herzegowina haben diese Entwicklung nicht in Richtung eines Konsenses umleiten können. Ganz im Gegenteil: Die Kluft zwischen den verschiedenen Modellen eines künftigen Staates Jugoslawien wurde immer größer. Und diese Kluft scheint mit den Wahlen in den letzten beiden Republiken Serbien und Montenegro als unüberwindbar manifestiert zu werden. Serbien ist die größte aller Teilrepubliken mit mehr als neun Millionen Einwohner.

In Serbien wurde das zentrale Netzwerk der jugoslawischen Föderation geflochten, von dem in Serbien auch keiner der möglichen Wahlsieger ablassen wird. Und zwar weder die Sozialisten, die aus dem alten Bund der Kommunisten hervorgegangen sind, noch die Nationalisten, die sich in historischer Nabelschau von den messianischen Verführungen eines demagogischen Schriftstellers namens Drašković faszinieren lassen. Beide politische Richtungen hängen an einem Staatskonzept das den Plänen der Kroaten und Slowenen zuwiderläuft.

Mehr noch: Die serbischen Nationalisten, denen durchaus Chancen auf die meisten Sitze im künftigen Parlament eingeräumt werden, zielen sogar auf eine Zerschlagung der kroatischen Teilrepublik im Nordwesten des Landes. Kroatien, so heißt es im Wahlprogramm der serbischen Nationalisten, solle in autonome Gebiete aufgeteilt werden. Überdies müsse Kroatien auf die Stadt Dubrovnik, eine Perle an der Adriaküste, verzichten. Denn Dubrovnik sei nie kroatisch, sondern stets eine freie Stadt mit serbischer Mehrheitsbevölkerung gewesen. In diesem Punkt pflichten auch die serbischen Sozialisten den Nationalisten bei und schütten Öl in das Feuer der nationalen Spannungen auf dem Balkan. Was man aber für die eigene Volksgruppe einklagen will, nämlich Autonomierechte für die Serben außerhalb Serbiens, das wird den Kosovo-Albanern innerhalb Serbiens von keinem der beiden potentiellen Wahlsieger zugestanden. Die Umschreibung für das gewaltsame Ende der albanischen Autonomie lautet schlicht: Integration.

Im obersten Kreis der sozialistischen Parteiführung Serbiens, symbolisch im zehnten Stockwerk des alten ZK-Gebäudes in Belgrad angesiedelt, wird der Besucher mit dem apodiktischen Votum konfrontiert: Auch nach den Wahlen gelte es, das System der Integration auf dem Kosovo zu vollenden. Denn - so wörtlich – „davon kann keine Partei in Serbien abgehen." Das Kosovo, auf deutsch: das Amselfeld, ist von historischer Bedeutung für die serbische Identität. Dies wird bei Fernsehauftritten eindrucksvoll demonstriert, wenn Konkurrenten um die politische Macht in ihrem Bekenntnis zum Kosovo miteinander wetteifern. Auf dem Kosovo erlitt Serbien vor 600 Jahren die entscheidende Niederlage, die zu einer jahrhundertelangen Besetzung durch das Osmanische Reich führte. Das serbische Bekenntnis zum Kosovo bedeutet ein Bekenntnis zum christlichen Balkan oder – andersherum gesehen – ist es ein Bekenntnis gegen die „islamischen Eindringlinge". In Peć, im Kosovo, befinden sich der Sitz des serbischen Patriarchen mit dem wichtigen Pariarchenkloster sowie zahlreiche andere mittelalterliche Klöster der serbisch-orthodoxen Kirche. Dies wird von der Bedeutung gerne mit dem Vatikan der römisch-katholischen Kirche verglichen.

Chancenlos bereiten sich Parteien und politische Gruppierungen auf die Wahlen in Serbien vor, die den jugoslawischen Aspekt höherstellen als die nationale Identität. Selbst eine Partei der serbischen Intellektuellen, die teilweise im Ausland studiert haben, kann sich kaum gegen den Trend des Nationalismus wehren. Für eine Menschenrechtsdebatte über das Kosovo, so höre ich bei Hintergrundgesprächen mit einem Kreis hochgebildeter Professoren, Doktoren und Akademiemitglieder in Belgrad, sei es noch zu früh.

Wenn es dafür aber noch zu früh ist, dann möchte man den empörten Worten eines jungen Studenten folgen, der von der Demokratieunfähigkeit in weiten Teilen der post-titoistischen Gesellschaft spricht. Mit dem Abschluss der weiteren freien Wahlen in Jugoslawien – so hat es den Anschein – ist bestenfalls der Schritt zu einer Bestandsaufnahme der Probleme, nicht aber zu deren Lösung getan.

> **22. Dezember 1990** Eine neue Verfassung in Kroatien erkennt der serbischen Minderheit nicht mehr den Rang eines Staatsvolkes zu und stellt Landesrecht über Bundesrecht.
>
> **23. Dezember 1990** Ein Referendum in Slowenien ergibt 88 Prozent Zustimmung für die Unabhängigkeit.

Die Staatskrise

27. Dezember 1990

In allen sechs Hauptstädten der jugoslawischen Teilrepubliken treten heute die Landesparlamente zusammen. Gleichzeitig wird das Bundesparlament in Belgrad tagen. Es geht um das Schicksal Jugoslawiens. Im Vorfeld dieser Sitzungen war von einem letzten Krisengipfel gesprochen worden, der durch die jüngste Entscheidung des Slowenischen Parlaments an Brisanz gewonnen hat. Mit dem Bekenntnis zu einer Unabhängigkeitserklärung Sloweniens am 26. Dezember ist das Projekt einer Verfassungsreform in Jugoslawien unter erheblichen Zeitdruck geraten. Slowenien hat ein Ultimatum gesetzt und ist nur noch bereit, sechs Monate zu verhandeln. Dann muss entweder Jugoslawien in eine Konföderation, also in einen Bund unabhängiger Staaten, umgeformt werden, oder aber Slowenien wird sich ganz von Jugoslawien trennen.

Serbien als größte Teilrepublik hat in diesem Monat bei den ersten freien Wahlen für eine kommunistische Mehrheit im Parlament gestimmt, auch wenn sich die Kommunisten in Sozialisten umbenannt haben. Damit steht fest, dass Serbien sich auf keinen Fall dem slowenischen Ultimatum beugen wird. Angesichts dieser Entwicklung hatte der Jugoslawische Verteidigungsminister Veljko Kadijević in einem aufsehenerregenden Interview dafür plädiert, dass die Armee den Zusammenhalt Jugoslawiens garantieren müsse. Kadijević, der auch

114

hinter einer neugegründeten kommunistischen Partei steht, hatte von der notwendigen Verteidigung des Sozialismus gesprochen, dem er noch eine große Zukunft prophezeite.

Der slowenische Präsident Kučan, ein Reformkommunist, wehrte sich vor dem Parlament in Ljubljana gegen politische Ansprüche der Armee und drohte wörtlich: „Slowenien wird auf jede Aggression der Volksarmee antworten."

In dieser aufgeheizten Stimmung kann der Krisengipfel in Belgrad bestenfalls den Zerfallsprozess zur Kenntnis nehmen, aber nicht mehr aufhalten. Eine neue kroatische Verfassung regelt ebenfalls den Austritt aus Jugoslawien. Die Bildung eines unabhängigen kroatischen Staates, parallel zu Slowenien, wirft jedoch erhebliche Probleme auf. Erstens leben in Kroatien große serbische Minderheiten, die sich bereits für autonom erklärt haben. Zweitens verfügt Kroatien nicht über ein kompaktes Territorium. Die Republik erstreckt sich mit zwei schmalen Landstreifen entlang der ungarischen Grenze und entlang der Adria-Küste. Dazwischen liegt die Teilrepublik Bosnien-Herzegowina, die sich im aktuellen Streit um die Zukunft des Landes noch zurückhält.

Die jugoslawische Staatskrise offenbart ein europäisches Dilemma. Der Widerspruch zwischen nationaler Selbstbestimmung und europäischer Integration tritt nirgendwo so deutlich zutage, wie anhand der slowenischen Unabhängigkeitserklärung. Die Völker Osteuropas, die sich zu einem demokratischen Reformprozess bekannt haben, machen sich auf die Suche nach einer neuen Identität, deren Herausbildung nicht im Gleichklang mit der politischen Entwicklung zu stehen scheint. Das Problem Sloweniens ist – mit einigen Einschränkungen – auch das Problem der Slowaken, der Ukrainer, der Moldauer und anderer Völker, die den übernommenen Bundesstaat einer Föderation gegen das weitere Netzwerk eines Staatenbundes, also einer Konföderation, eintauschen wollen. Politische Unabhängigkeit, volle Souveränität möglichst mit den Attributen einer eigenen Währung und einer eigenen Armee – das scheint der Ausdruck nationaler Selbstbestimmung.

Wie weit sind doch diese Völker von der Europäischen Gemeinschaft entfernt, die eben den Verzicht auf souveräne Attribute um der politischen Gemeinschaft willen anstrebt! Und just diese Völker, die sich auf den Weg in die Nationalstaatlichkeit begeben, nennen als ihr Ziel erklärtermaßen eine Mitgliedschaft in der Europäischen Gemeinschaft (EG). Diese Betrachtung legt einen Grundkonflikt offen, der jedoch nicht alleiniger Maßstab für die Bewertung speziell der jugoslawischen Krise sein darf. Solange in Jugoslawien die Demokratisierung als Ablösung der kommunistischen Einparteienherrschaft verstanden wurde, gab es Anlass zur Annahme, der slowenische und auch der kroatische Weg in die Selbständigkeit werde bald durch eine gesamtdemokratische Entwicklung des Landes überflüssig. Doch nun stehen sich zwei in freien Wahlen legitimierte, aber einander widersprechende Modelle gegenüber. Die größte Teilrepublik Serbien hat den bisherigen Kommunisten mit einer überwältigenden Mehrheit das Vertrauen ausgesprochen, gekoppelt an das Mandat, Gesamtjugoslawien als Föderation zu erhalten. Ebenso demokratisch, ebenso überwältigend haben die Slowenen in ihrem Referendum das Gegenteil beschlossen.

Ein Kompromiss ist nach den politischen Wertigkeiten wie nach dem Demokratie-Verständnis nicht mehr möglich. Europa wird sich seiner Ohnmacht bewusst. Dieser Teil des Balkans entgleitet jedem integrierenden Einfluss. Der Zerfall Jugoslawiens ist ein politisches Faktum. Die Schadensbegrenzung kann nur noch darin bestehen, dass sich Europa als Garantiemacht für eine Neuordnung und für die wirtschaftliche Überlebensfähigkeit der Krisenregion verbürgt. Sonst kann Krieg drohen.

***

Das jugoslawische Bundesparlament sieht sich zum Jahresende mit schier unlösbaren Problemen konfrontiert. In entscheidenden Sitzungen soll bis zum Wochenende über die wirtschaftliche Reformpolitik und möglicherweise auch über die Verfassungsfrage entschieden werden. Durch die Unabhängigkeitserklärung Sloweniens ist das jugoslawische Parlament unter Zeitdruck geraten.

Unter dieser Voraussetzung haben die Parlamentsberatungen in Belgrad den Charakter einer Krisensitzung erhalten. Darüber hinaus werden Spitzenpolitiker aus allen Republiken in Belgrad erwartet, um an einem innerjugoslawischen Gipfel über die Zukunft des Landes zu beraten. Allerdings wird der kroatische Präsident Tudjman, der ebenfalls für eine Unabhängigkeit seiner Republik eintritt, zu diesem Treffen nicht nach Belgrad kommen.

Neben Slowenien und Kroatien haben sich noch keine anderen Republiken auf die Umwandlung des Staates in eine Konföderation festgelegt. Serbien hat sich strikt für die Beibehaltung der bisherigen Staatsform ausgesprochen.

Unklar bleibt die Haltung von der südlichsten Republik Makedonien und von der zentralen Republik Bosnien-Herzegowina. Beide Republiken scheinen für beide Lösungen offen zu sein. Allerdings zeichnet sich nach dem Sieg der bisherigen Kommunisten in Serbien und Montenegro bei den anderen Teilrepubliken ein wachsender politischer Widerstand gegen eine weitere Führungsrolle von Serbien ab.

Sloweniens Zukunft

Slowenien galt jahrelang als wirtschaftliche Oase im krisengeschüttelten Jugoslawien. Die geringste Arbeitslosenquote und das höchste Pro-Kopf-Einkommen, die ertragreichste Arbeitsproduktivität und eine geringe Verschuldung – diese Eckdaten dienen auch heute als Argument für die Überlebensfähigkeit eines unabhängigen slowenischen Staates. Vom Territorium her wäre Slowenien mit etwas mehr als 20.000 Quadratkilometer um ein Drittel kleiner als Belgien und hätte mit zwei Millionen Einwohner nur ein Fünftel der belgischen Bevölkerung. Im Gegensatz zu allen anderen jugoslawischen Republiken verfügt Slowenien mit seiner Randlage über ein kompaktes Territorium und beherbergt nicht so viele nationale Minderheiten wie andere Teile Jugoslawiens.

Für den Fall der Abtrennung haben nun Statistiker, Wirtschaftswissenschaftler und Politiker unterschiedliche Rechnungen aufgestellt, mit denen die Lebenskraft eines slowenischen Staates bewiesen werden soll. Das aktuelle Staatsbudget für den Unterhalt der Teilrepublik beläuft sich jährlich bisher auf umgerechnet etwa 11,5 Milliarden Mark. Die Unabhängigkeit würde etwas teurer kommen: Dafür veranschlagen die Fachleute ein Jahresbudget von umgerechnet 12,3 Milliarden Mark. Ein Nettozuschuss durch Kreditaufnahme im Ausland in Höhe von fast einer Milliarde Mark wäre unumgänglich. Zusätzliche Kosten würden durch den Aufbau einer eigenen Armee, durch die Einführung einer eigenen Währung und die Errichtung eigener diplomatischer Auslandsvertretungen entstehen.

Doch selbst diese Rechnung geht noch von idealisierten Ziffern aus. Denn Slowenien beansprucht bei einer Trennung von Jugoslawien einen Teil der gesamtjugoslawischen Devisenreserven und eine Rückerstattung aus dem Bundesbudget, das von den Republiken gemeinsam finanziert wird.

Erstens ist fraglich, ob die jugoslawische Bundesregierung diese Gelder zurückerstattet. Zweitens verliert Slowenien im Falle seiner Unabhängigkeit den jugoslawischen Binnenmarkt, der zu zwei Drittel slowenische Produkte abnimmt. Für den westeuropäischen Markt erfüllen dieser Produkte noch nicht den erforderlichen Qualitätsstandard. Fachleute befürchten daher in der ersten Phase der Unabhängigkeit eine negative Handelsbilanz, einen Rückgang des Bruttosozialproduktes und eine steigende Auslandsverschuldung. Politiker, die dieses Problem realistisch sehen, gestehen ganz offen ein, dass Slowenien für die Finanzierung seiner Unabhängigkeit zumindest für die Dauer der ersten fünf Jahre ausländische Geldgeber braucht.

Krisengespräch vertagt

Die Krisengespräche über die politische Zukunft Jugoslawiens sind auf den 10. Januar 1991 vertagt worden. Mit dieser Entscheidung hat das Staatspräsidium in Belgrad sein internes Gipfeltreffen beendet. Das Präsidialbüro in der jugoslawischen Hauptstadt ließ zwar verlauten, die Diskussion der Spitzenpolitiker aller Republiken sei umfassend und konstruktiv verlaufen. Doch der Dissens namentlich mit Slowenien ist in einer konkreten Frage deutlich geworden. Auf Vorschlag des serbischen Republikpräsidenten Milošević wurden alle Republiken und autonomen Gebiete aufgefordert, die noch ausstehenden Zahlungen an das Bundesbudget und an den Fond für die unterentwickelten Gebiete Jugoslawiens abzuführen. Der slowenische Präsident Kučan lehnte ab mit dem Hinweis, eine Entscheidung darüber müsse das slowenische Parlament fällen. Slowenien hatte bereits seit längerem diese Zahlungen eingestellt, weil es sich nicht mehr als Vollmitglied der jugoslawischen Föderation betrachtet. Aus diesem Grund nehmen die slowenischen Abgeordneten auch nur noch an solchen Sitzungen des Bundesparlamentes in Belgrad teil, deren Thematik unmittelbar Slowenien betrifft. Darüber hinaus wollen die slowenischen Delegierten weder mitdiskutieren noch mitbestimmen.

Derweil hat das Bundesparlament auf seiner Sitzung in Belgrad die wirtschaftlichen Kernfragen für das kommende Jahr behandelt. Die Regierung geht in einem dramatischen Appell davon aus, dass die Inflationsrate auf etwa 40 Prozent gedrückt werden muss, um die notwendigen Reformschritte zu ermöglichen. Um den Haushalt zu stabilisieren, plant das Parlament ein Gesetz, das der Regierung Eingriffsmöglichkeiten zur Regulierung der Finanzen bietet. Wichtigster Schritt ist nach Meinung des Regierungschefs Ante Marković die entscheidende Verwirklichung der Marktwirtschaft. Lohnerhöhungen dürfen nur von solchen Betrieben angeboten werden, die profitabel oder – wie es allgemein heißt – erfolgreich auf dem Markt arbeiten. Die Löhne außerhalb der Produktion und in Monopolbetrieben sollen im kommenden Jahr auf dem Durchschnittsniveau der letzten drei Monate eingefroren werden.

Zu einem Eklat kam es im Parlament, als außerhalb der Wirtschaftsdebatte das Thema Kosovo aufgeworfen wurde. In scharfen Worten verurteilte eine der Betroffenen, dass im Kosovo mehr als 200 albanische Lehrer entlassen wurden und stattdessen serbische und montenegrinische Lehrkräfte den doppelten Lohn erhielten. Gleichzeitig wurde ein Brief des jugoslawischen Präsidenten Jović, einem Serben, bekannt, der auf die Vorwürfe albanischer Intellektueller antwortet. In seinem Schreiben erklärte der jugoslawische Staatschef kategorisch, die Albaner hätten nicht den Status eines eigenen Volkes, sie bildeten nur 14 Prozent der Bevölkerung in der serbischen Republik. Ihnen stehe – so Jović – daher nicht das Recht zu, über ihren Status selbst zu bestimmen.

Rückblick auf ein Schicksalsjahr

29. Dezember 1990

Jugoslawien hat ein Schicksalsjahr durchlaufen, das in zweierlei Hinsicht einen Zusammenbruch mit sich brachte: Erstens ist die Alleinherrschaft der Kommunisten durch freie Wahlen in vier von sechs Republiken abgeschafft worden. Zweitens ist der Vielvölkerstaat zehn Jahre nach dem Tod seines Gründers Josip Broz Tito auseinandergebrochen. Das Spannungsverhältnis der politischen Asymmetrie zwischen Republiken, die nur noch einen lockeren Staatenbund wünschen, und solchen Republiken, die eine Zentralmacht als Föderation beibehalten wollen, ist so groß, dass spätestens in sechs Monaten der endgültige Bruch Jugoslawiens auch institutionell vollzogen sein wird.

Den sichtbaren Auftakt zu dieser Entwicklung bot der letzte gemeinsame Parteitag des Bundes der Kommunisten Jugoslawiens im Januar 1990. Der Parteitag musste abgebrochen werden, nachdem die slowenischen Kommunisten unter Protest das Treffen verließen, sich als Partei selbständig machten und eine Reformpolitik in ihrer eigenen Republik unterstützten. Die Wahlen brachten in Slowenien eine bürgerliche Regierungsmehrheit. Präsident wurde in Direktwahl jedoch der populäre Reformkommunist Milan Kučan, der den Bruch mit Belgrad gewagt hatte. Über eine Souveränitätserklärung im Juli führte der Weg Sloweniens nach einem Referendum zur Unabhängigkeitserklärung im Dezember 1990. Nur noch die Umwandlung Jugoslawiens in eine Konföderation wäre für Slowenien als Alternative denkbar. Wenn dies nicht gelingt, wird sich die Teilrepublik spätestens nach einem halben Jahr als selbständiger Staat von Jugoslawien abspalten.

Auch in der Nachbarrepublik Kroatien brachten die ersten freien Wahlen einen Sieg national-bürgerlicher Kräfte, deren Spitzenkandidat, der früherer Tito-General und spätere Dissident Franjo Tudjman, das Präsidentenamt übernahm. Ebenso hat Kroatien den Weg in die Unabhängigkeit eingeschlagen und kann sich einen Verbleib nur in einer jugoslawischen Konföderation vorstellen.

Weniger eindeutig sind die Wahlen in Makedonien und Bosnien-Herzegowina ausgefallen, wo sich nationale und kommunistische Kräfte die Stimmen geteilt haben. Auch hier ist man nicht bereit, sich einem zentralen Diktat der größten Republik Serbien zu unterwerfen. Allerdings gibt es kein eindeutiges Votum über die künftige Staatsform.

Das politische Diktat bekamen 1990 besonders die rund 1,5 Millionen Kosovo-Albaner zu spüren, deren autonomes Gebiet innerhalb Serbiens liegt. Ihr autonomer Status wurde praktisch abgeschafft, ihr Parlament von Serbien aufgelöst und die albanischsprachigen Massenmedien zum Verstummen gebracht. Diese wohl gröbsten Menschenrechtsverstöße in einem Europa von 1990 sind kaum geahndet worden. Serbien selbst und die kleinste Nachbarrepublik Montenegro bestätigten im Dezember 1990 in ihren freien Wahlen mit überwältigender Mehrheit die Kommunisten an der Macht, die sich in Sozialisten umbenannt, aber ihren alten Apparat beibehalten haben.

Nach 1990 führt kein Weg mehr zurück zu dem alten Vielvölkerstaat Jugoslawien.

Das Frühjahr 1991

Krisengipfel erneut vertagt

10. Januar 1991

Ein Krisengipfel der jugoslawischen Spitzenpolitiker hat das Land einer Lösung der inneren Konflikte nicht nähergebracht. In einer Stellungnahme des Staatspräsidiums wird zwar von Offenheit und Toleranz bei den Verhandlungen gesprochen.

Alle Vertreter der Republiken – so heißt es – hätten sich für eine friedliche und demokratische Lösung ausgesprochen. Dennoch wurde dieser Lösungsversuch erneut vertagt, diesmal auf den 23. Januar. In der Zwischenzeit wollen die Republiken untereinander Gespräche über die Zukunft des Landes aufnehmen.

Aus diesem Anlass veröffentlichte die jugoslawische Nachrichtenagentur Tanjug die Ergebnisse einer Umfrage aus Belgrad. Demnach erwarten vierzig Prozent der Bevölkerung in Belgrad, dass der Krisengipfel zu einer Beruhigung der politischen Lage führen wird. Mehr als dreißig Prozent der Befragten haben jedoch bereits resigniert und erwarten keinerlei Bewegung.

Die Sitzung des Staatspräsidiums war geprägt von der Wirtschaftskrise des Landes. Aus diesem Grund hatte auch der Chef der gesamtjugoslawischen Regierung, Ante Marković, an Gesprächen teilgenommen. Marković ist für eine radikale Wirtschaftsreform und eine restriktive Geldpolitik verantwortlich, die zunächst bejubelt wurden. Inzwischen ist die Reform gescheitert und die Währung musste erheblich abgewertet werden. Deshalb wächst die Kritik am Regierungschef.

Vor allem serbische Politiker, die sich für den Erhalt der jetzigen föderativen Verfassung in Jugoslawien einsetzen, fordern von den nach Unabhängigkeit strebenden Republiken Kroatien und Slowenien solidarische Zugeständnisse. Die Präsidenten der beiden westlichen Republiken wehren sich jedoch gegen weitere Ansprüche der Zentralregierung.

Das Ultimatum des Staatspräsidiums zur Auflösung bewaffneter Gruppen innerhalb von zehn Tagen wird von der kroatischen Regierung anders interpretiert, als es von Belgrad gemeint war. Kroatien will solche Aktionen nicht der jugoslawischen Armee überlassen. Dies ist für Kroatien eine Einmischung in die inneren Angelegenheiten. Allerdings unterstützt Kroatien eine Auflösung solcher bewaffneten Gruppen, soweit dieses Ultimatum gegen die Minderheiten-Serben in Kroatien angewandt wird. Die serbische Zeitung *Politika* in Belgrad suggerierte in einem Artikel jedoch, dass gerade die kroatische Regierung den Aufbau von Milizgruppen betreibe.

Mit diesem Ultimatum ist die nationale Feindschaft im Land weiter angeheizt worden.

Erfolgloses Bemühen

Die ergebnislosen Verhandlungen des Staatspräsidiums in Belgrad signalisieren den Aufschub eines endgültigen Zusammenbruchs von Jugoslawien. Bereits zum zweiten Mal wurde das entscheidende Thema über die weitere Existenz des Landes vertagt. Was die Spitzenpolitiker nicht geschafft haben, soll nun mit Gesprächen der einzelnen Republiken erreicht werden: nämlich ein Ausgleich zwischen den beiden Modellen für die Zukunft des Landes. Doch ein politisch sinnvoller Kompromiss ist kaum möglich. Die Republiken Slowenien und Kroatien haben sich längst von der Tito-Konzeption Jugoslawiens losgesagt. Der Bundesstaat im Spannungsverhältnis von zentralem Führungsanspruch und nationalem Proporzdenken hat versagt.

Slowenien und Kroatien haben mit ihren Wahlen und Verfassungsreformen eindeutig für die Rückkehr zum Nationalstaat plädiert. Nur auf seiner Basis halten sie einen Zusammenschluss souveräner Staaten zu einem Staatenbund für erstrebenswert. Im Osten des Landes, vor allem in der größten Republik Serbien, aber auch in Montenegro herrscht die gegenteilige Meinung. Die Wähler haben hier – ebenfalls bei freien Wahlen – für den Erhalt des Bundesstaates gestimmt.

Auf diese Weise konkurrieren in Jugoslawien zwei demokratisch legitimierte Modelle für die Zukunft des Landes. Die beiden Republiken Makedonien und Bosnien-Herzegowina artikulieren ihre Ansprüche weniger deutlich, geben jedoch klar zu erkennen, dass sie nicht einfach ungefragt Anhängsel von einer der beiden Lösungen werden wollen.

In der Grundtendenz lässt sich in den meisten Republiken eine wachsende Ablehnung gegen eine mögliche serbische Vorherrschaft feststellen. Die Unvereinbarkeit der politischen Standpunkte wird durch den Anspruch an nationale Abgrenzung zum wirklichen Sprengstoff. Die Überzeugung von der Richtigkeit der staatsrechtlichen Konzeption wird – nicht nur unterschwellig – vom Gefühl der nationalen Identität getragen. Gesamtstaatliche Maßnahmen sind bereits zum Scheitern verurteilt. Die zusammenbrechende Wirtschaft und Währung Jugoslawiens illustrieren dies ebenso wie vergebliche Ultimaten der Zentralmacht zur Auflösung bewaffneter Gruppen im Land, die sich in einzelnen Republiken formieren.

Ähnlich wie in der Sowjetunion ist die Bundesverfassung durch die realpolitische Entwicklung der einzelnen Republiken bereits außer Kraft gesetzt worden. Aus westeuropäischer Sicht erscheint es unverständlich, dass mit der Demokratisierung Osteuropas nationalstaatliches Denken aufbricht, gleichzeitig aber gerade diese Staaten verbal ihr lebhaftes Interessen an der europäischen Integration bekunden. Die Hoffnung kann sich nur darauf richten, dass der Zerfall Jugoslawiens von einem erfolgreichen Krisenmanagement begleitet wird. Doch dafür scheint das Land die Hilfe von außen zu benötigen. Europa muss sich darüber klarwerden. Sonst droht ein Konflikt, der blutig enden kann.

Kroatien befürchtet Militärintervention

25. Januar 1991

Wegen der angespannten Lage in der Republik Kroatien hat der dortige Präsident Tudjman eine Reise nach Belgrad zu einem Krisengespräch mit dem serbischen Präsidenten Milošević abgesagt. Stattdessen ist das kroatische Parlament zu einer Sondersitzung zusammengerufen worden, um sich auf eine mögliche Intervention der jugoslawischen Armee vorzubereiten. Nach Ansicht des kroatischen Präsidenten berührt die von Belgrad angeordnete erhöhte Alarmbereitschaft der jugoslawischen Armee die Sicherheitsinteressen Kroatiens.

Der kroatische Außenminister hat sich bereits mit einem Appell an die konsularischen Vertreter in der kroatischen Hauptstadt Zagreb gewandt. Wörtlich bat er in diesem Appell die ausländischen Regierungen sowie die gesamte internationale Öffentlichkeit für Unterstützung der Republik Kroatien in einer Situation, in der die Demokratie durch eine drohende Militärintervention in Gefahr sei.

Dreizehn kroatische Parteien, darunter auch die sozialistische Nachfolgepartei der Kommunisten, haben das Vorgehen der jugoslawischen Armeeführung verurteilt. Die Forderung der jugoslawischen Armee, in Kroatien eingreifen zu wollen, bezeichneten die kroatischen Parteien als Ausdruck einer „bolschewistischen und großserbischen Politik".

Das serbische Fernsehen in Belgrad reagierte mit einem scharfen Kommentar auf diese Entwicklung und warf Kroatien vor, unter dem Vorwand einer angeblichen militärischen Intervention der jugoslawischen Armee regelrecht den Krieg erklärt zu haben.

Hintergrund der angespannten Lage ist die Forderung des jugoslawischen Staatspräsidiums gewesen, illegal bewaffnete

Gruppen aufzulösen und die Waffen abzugeben. Ein diesbezügliches Ultimatum richtete sich auch gegen die Bewaffnung der kroatischen und slowenischen Polizeieinheiten.

Die beiden nördlichen Republiken verweigerten eine Entwaffnung ihrer Polizeiverbände, zu denen auch Spezialeinheiten und Reservisten gehören. Daraufhin beanspruchte die jugoslawische Armee, nunmehr gewaltsam die Waffen einzuziehen.

Viele Retter, keine Bewahrer

31. Januar 1991

Eine Reise des kroatischen Präsidenten Franjo Tudjman nach Belgrad zu seinem serbischen Gegenspieler Milošević wird in Kroatien bereits mit einem Bußgang verglichen. Der „Einigungsvertrag" zwischen Kroatien und der Armee lässt das Ausmaß der Spaltung zwischen den politisch divergierenden Kräften deutlich werden. Kroatien strebt nach Unabhängigkeit. Eine neue Verfassung beansprucht den Vorrang der Republikgesetze vor den Bundesgesetzen. Die Bewaffnung eigener Reserveeinheiten wird in Kroatien als Ausdruck souveränen Handelns dargestellt. Das Ultimatum zur Entwaffnung dieser Einheiten, das sich die jugoslawische Armee zu eigen gemacht hat, um mit Säbelrasseln Kroatien einzuschüchtern, war der Auftakt zu einer Machtprobe, die von den zentralistischen Kräften vorerst gewonnen wurde. Doch der Kompromiss von Belgrad, mit dem der Ausbruch eines Bürgerkrieges gerade noch verhindert wurde, kann auf lange Sicht nicht stabilisierend wirken.

Kroatien hat unter dem Druck einer drohenden Intervention nachgegeben. Die Reserveeinheiten der Polizei geben ihre Waffen ab. Gesetze sollen sich wieder der bundesstaatlichen Hierarchie unterordnen. Im Gegenzug konnte die Armee auf die erhöhte Alarmbereitschaft verzichten. Kroatien erhält das Recht, in den Grenzen der eigenen Republik als hoheitliche Ordnungsmacht aufzutreten. Mit diesem Zugeständnis hat die Armee lediglich ein Verfassungsrecht wieder in Kraft gesetzt, das durch die Drohgebärden der Militärs verloren gegangen schien. Betroffene auf allen Seiten, der serbische Präsident Milošević, der kroatische Präsident Tudjman und der gesamtjugoslawische Ministerpräsident Marković zählen sich zu den Rettern und lassen sich als Gewinner feiern.

Wäre eine Einheit Jugoslawiens um den Preis individueller Eitelkeit zu bewahren, dann wäre jetzt die Stunde der gesamtstaatlichen Wiedergeburt. Doch die Erklärungen zum Kompromiss lassen Schlimmes vorausahnen. Der Kroate Tudjman lokalisierte den absoluten Tiefpunkt in den Beziehungen zwischen Serben und Kroaten. Und die nördlichste Republik Slowenien hat sich bereits durch ein Referendum das Einverständnis der Bevölkerung für eine künftige Unabhängigkeit bestätigen lassen. Makedonien im Süden wehrt sich mit Souveränitätsansprüchen gegen den Zugriff eines erstarkenden Serbiens. Das von Europa missachtete Problem der unterdrückten Kosovo-Albaner kann mit der Demokratisierung des Nachbarlandes Albanien der auslösende Funke für eine ungeahnte Explosion der nationalen Leidenschaften sein.

Noch während der Druck der militärischen Gewalt zu einem spannungsreichen Waffenstillstand geführt hat, wird in Jugoslawien bereits diese Variante einer waghalsigen Balance durch neuerliche Attacken in den Medien aufs Spiel gesetzt. Das Belgrader Fernsehen präsentierte Videoaufnahmen, die das Schlimmste suggerieren sollen: Den angeblichen Verrat des kroatischen Verteidigungsministers an dem mühsam erhaltenen inneren Frieden. Der Vorwurf von – möglicherweise gefälschten – Aufnahmen läuft darauf hinaus, dass die kroatische Führung ein Massaker an den Serben plane. Die junge Geschichte Jugoslawiens ist besonders in der Zeit des Partisanenkrieges und Titos Machtergreifung reich an gegenseitigen Pogromen. Eine Wiederbelebung solcher Assoziationen, wie sie von der serbischen Presse seit geraumer Zeit gegen Kroatien im publizistischen Schlagabtausch benutzt werden, kann schlimmere Folgen haben als eine Machtprobe zwischen Militär und Politikern.

134

Das Ausland hatte im wahrsten Sinne des Wortes geschlafen, als ein nächtlicher Appell des kroatischen Außenministers fast ungehört verhallte. Was die serbisch dominierte jugoslawische Nachrichtenagentur Tanjug verschwieg, übermittelte die kroatische Agentur HINA mühselig per Telefax in einzelne interessierte Redaktionsstuben ausländischer Medienvertreter. Es war die Nacht der befürchteten Militärintervention in Zagreb. Die Regierungen der konsularischen Vertretungen in Kroatien wurden ebenso wie die „gesamte internationale Öffentlichkeit" aufgefordert, „der Republik Kroatien in einer Situation Unterstützung zu leisten, in der eine Armeeintervention droht".

Diese Unterstützung, auf die in der kroatischen Regierung kaum ernsthaft gehofft werden konnte, ist nicht notwendig geworden. Der politische Kompromiss, durch Gespräche zwischen dem slowenischen Nachbarn und der serbischen Führung bereits vorgezeichnet, umfasst auch Kroatien. Doch Skeptiker in Kroatien behaupten, dass dieser Kompromiss erzwungen wurde, weil der Aufruf der kroatischen Regierung um Unterstützung in aller Welt ohne Resonanz verhallt ist.

Und wieder ein Krisengipfel

13. Februar 1991

Der jüngste Krisengipfel der jugoslawischen Spitzenpolitiker in Belgrad zeugt von einem zähen Ringen um die Zukunft des Landes. Die beiden Präsidenten der Republiken Kroatien und Slowenien waren mit dem festen Bekenntnis nach Belgrad gekommen, noch im Laufe dieses Jahres die Umwandlung Jugoslawiens von einem zentralen Bundesstaat in einen Bund souveräner Einzelstaaten durchzusetzen. In einem Kommuniqué des jugoslawischen Staatspräsidiums wurde nach Abschluss des nunmehr dritten Krisengipfels zu einem Minimalkonsens aufgerufen. Die Verfassung und die Bundesgesetze, so heißt es in der Erklärung, müssten weiter beachtet werden. Vereinbarungen zwischen den Regierungen einzelner Teilrepubliken könnten die Grundlage Jugoslawiens nicht außer Kraft setzen.

Diese Kritik bezieht sich besonders auf das jüngste Abkommen zwischen Kroatien und Slowenien, die sich zu einer gemeinsamen Konföderation entschlossen haben. Im Fall einer Intervention der jugoslawischen Armee wollen sich beide Republiken gegenseitig militärischen Beistand leisten. Eine solche Intervention bedeutet für Kroatien und für Slowenien den sofortigen Austritt aus Jugoslawien. In diesem Krisenfall sieht das Abkommen auch vor, UNO-Truppen zur Hilfe zu rufen. Ferner sollen die kroatischen und slowenischen Soldaten aufgefordert werden, ihren Dienst in der gesamtjugoslawischen Armee zu verweigern.

Unter Anspielung auf diese Entwicklung stellt das Kommuniqué des Staatspräsidiums den tiefgreifenden Dissens zwischen den einzelnen Republiken über die Zukunft des Landes fest. In einer offenen und toleranten Erörterung – so heißt es

136

– hätten die Spitzenpolitiker darüber gesprochen. Unter anderem hatte der slowenische Präsident Kučan das Staatspräsidium in Belgrad über den Zeitplan seiner Republik zur Lostrennung vom jugoslawischen Gesamtstaat informiert.

Konkrete Entscheidungen werden nun für die kommende Sitzung der Spitzenpolitiker am 22. Februar 1991 in Sarajewo erwartet. Mit der Verlegung der bisherigen Krisengespräche von Belgrad weg in die Hauptstadt der Republik Bosnien-Herzegowina wurde einem Vorschlag des kroatischen Präsidenten Tudjman gefolgt, der sich ursprünglich geweigert hatte, weitere Gespräche in der serbischen Hauptstadt Belgrad zu führen.

> **20. Februar 1991** Das slowenische Parlament beschließt die Trennung von Jugoslawien und empfiehlt die gemeinsame und einvernehmliche Auflösung des Bundesstaates.
>
> **28. Februar 1991** In Knin (Kroatien) wird die „Serbische Autonome Provinz Krajina" ausgerufen.
>
> **7. März 1991** Slowenien beschließt, keine Wehrpflichtigen mehr in die jugoslawische Armee zu schicken.

Gerüchte und Propaganda

5. März 1991

Gerüchte und politische Propaganda beherrschen angesichts der nationalen Spannungen die jugoslawische Nachrichtenbörse. Meldungen von Tausenden serbischer Flüchtlinge, die ihre Siedlungsgebiete in Kroatien verlassen haben sollen, werden von offizieller Seite in der kroatischen Hauptstadt Zagreb dementiert. Lediglich ein Konvoi von drei oder vier Bussen mit serbischen Kindern, so wird auf Anfrage in Zagreb mitgeteilt, sei aus dem nordöstlichen Gebiet Kroatiens in die Republik Serbien abgereist. Diese Aktion wurde auch vom kroatischen Fernsehen gefilmt und in der Nachrichtensendung ausgestrahlt. Weitere Bevölkerungsgruppen serbischer Nationalität sollen in vorbereitete Quartiere außerhalb Kroatiens gebracht worden sein.

Inoffiziell wird in der kroatischen Hauptstadt Zagreb darauf verwiesen, dass in einer ähnlichen Aktion Serben demonstrativ das Kosovo aus Furcht vor den Albanern verlassen hätten, um später – wegen dieser vorgeblichen Vertreibungen – mit restriktiven Maßnahmen gegen die Kosovo-Albaner vorgehen zu können.

Bürgermeister in kroatischen Orten mit serbischen Minderheiten beklagen, dass durch Gerüchte über ein mögliches Eingreifen von Spezialeinheiten der kroatischen Polizei die Bevölkerung verunsichert werde. Aus mehreren Orten in Slawonien, im kroatisch-ungarischen Grenzgebiet, sind deshalb die Schulen teilweise oder ganz geschlossen. Serben schicken ihre Kinder nicht zum Unterricht und verweigern aus Protest gegen angebliche Drohgebärden der kroatischen Ordnungsmacht die Arbeit in Betrieben.

In dieser angespannten Lage hat sich der katholische Kardinal Franjo Kuharić von Zagreb mit einer Friedensbotschaft des serbisch-orthodoxen Patriarchen Pavle solidarisiert. Damit soll ein Signal gesetzt werden, um die aufgeheizte Stimmung zwischen beiden Nationen wieder einzudämmen, die sich zunehmend mit ihren jeweiligen konfessionellen Bekenntnissen und Kirchen identifizieren.

Massendemonstration in Belgrad

9. März 1991

Mehr als dreißigtausend aufgebrachte Demonstranten lieferten sich in der jugoslawischen Hauptstadt Belgrad eine wilde Schlacht mit der Polizei. Umgestürzte Mannschaftswagen, demolierte Schaufenster und bislang vierzig Verletzte sind die erste Bilanz. Inzwischen wurden die Demonstranten aus dem Stadtzentrum mit dem Einsatz von Tränengas und Reiterstaffeln abgedrängt. Zehntausende harren jedoch nach Darstellung der jugoslawischen Nachrichtenagentur Tanjug vor dem Parlament in Belgrad aus, um einen Kompromiss mit der serbischen Staatsspitze zu erzwingen.

Die Demonstranten fordern im Namen der Opposition personelle Veränderungen an der Spitze des serbischen Fernsehens, das heute weiterhin unter Kontrolle der früheren kommunistischen Partei steht, die sich in „sozialistische" Partei umbenannt hatte.

Als einmaligen Vorgang in ganz Osteuropa hatten die bisherigen Kommunisten in Serbien bei freien Wahlen einen absoluten Wahlsieg errungen, während die Oppositionsparteien weit abgeschlagen wurden. Die Serbische Erneuerungsbewegung *(Srpski pokret obnove)*, eine nationalistisch-monarchistisch orientierte Partei, hatte vergeblich auf einen Wahlsieg gehofft und machte für ihre Wahlniederlage die Berichterstattung im serbischen Fernsehen verantwortlich. Als Konsequenz forderte die serbische Erneuerungsbewegung eine Ablösung des bisherigen Fernsehchefs. Ferner will die serbische Opposition einen eigenen Fernsehkanal zugeteilt bekommen.

Die Massenmedien in Serbien waren besonders unter der Führung des charismatischen Volkstribuns und Kommunistenführers Milošević weitgehend gleichgeschaltet worden. Nach seinem Wandel zum Sozialisten beansprucht Milošević als Präsident der Teilrepublik Serbien weiterhin einen Führungsanspruch seiner Partei in Funk und Fernsehen. Dagegen wehren sich inzwischen neu gegründete private Fernsehsender, die jedoch noch gegen erhebliche Einschränkungen seitens der Regierung kämpfen.

10. März 1991 Die Volksarmee fordert vom Staatspräsidium die Ausrufung des Ausnahmezustandes wegen der Lage in Kroatien und Slowenien. Die Mehrheit des Präsidiums lehnt dies ab.

Umstrittener Armeeinsatz

10. März 1991

Der Einsatz der Armee, die nach den gewalttätigen Demonstrationen mit Panzern die Innenstadt von Belgrad sichert, ist in der jugoslawischen Führungsspitze umstritten. Die serbische Regierung hatte vom Staatspräsidium die Entsendung von Armeekräften beantragt. Das Staatspräsidium unter Leitung des serbischen Vorsitzenden Jović hatte dann die Entsendung von Armeekräften beschlossen. Die kroatischen und slowenischen Vertreter im jugoslawischen Staatspräsidium sehen jedoch im Eingreifen der regulären Armee eine bedrohliche Anmaßung von polizeilichen Kompetenzen, die der Armee nicht zustünden.

Die serbische Regierung hatte noch in der Nacht einen Beschluss vorgelegt, wonach alle Verantwortlichen an den blutigen Zusammenstößen gerichtlich verfolgt werden sollen. Verhaftungen gab es bislang unter der oppositionellen serbischen Erneuerungsbewegung. Diese nationalistische Partei war bei den Wahlen weit abgeschlagen. Die Kommunisten, die sich in Sozialisten umbenannt haben, verfügen im serbischen Parlament über eine Mehrheit von 76 Prozent aller Abgeordneten.

Ein privater Fernsehsender in Belgrad, der mit erheblichen bürokratischen Einschränkungen seine Arbeit aufnehmen konnte, hatte als einziger zunächst unzensiertes Material von den Zusammenstößen zwischen Demonstranten und Polizei ausgestrahlt. Auf staatsanwaltlichen Beschluss wurden die Sendungen eingestellt und das Filmmaterial von Polizeieinheiten beschlagnahmt. Beobachter in Belgrad sprechen von einer

Welle der Verunsicherung. Sie befürchten, dass die angespannte Lage genutzt werden könnte, um die ohnehin geringe Opposition im politischen Leben Serbiens noch weiter zurückzudrängen.

Die sozialistische Regierungspartei hat nun ihrerseits in allen Stadtteilen von Belgrad sogenannte Protestveranstaltungen ihrer Anhänger als Gegendemonstrationen organisieren lassen. Die amtliche Nachrichtenagentur Tanjug überschwemmt ihre Leser mit einer Flut von Erklärungen aus allen Landesteilen, in denen sich die Bevölkerung gegen die Opposition mit der sozialistischen Regierung und dem Armee-Einsatz solidarisieren. Der serbisch-orthodoxe Patriarch von Belgrad, Pavel, ließ jedoch eine Erklärung verbreiten, in der es hieß, dass alle Beteiligten ohne Ausnahme, also auch Polizei und Armee, an den gewalttätigen Zusammenstößen schuldig seien.

Aus Protest gegen diese Entwicklung sind Abgeordnete der Opposition in einen Hungerstreik getreten. Unklar ist, ob der Führer der serbischen Erneuerungsbewegung, Vuk Drašković, als Abgeordneter Immunität genießt und nicht ohne weiteres hätte festgenommen werden dürfen. Drašković, der schon bei früheren Auftritten durch kämpferische und nationalistische Parolen die Stimmung im Land angeheizt hatte, wird als Anführer der Demonstrationen für die Zusammenstöße mitverantwortlich gemacht.

> **11. März 1991** Auf dem 3. Krisengipfel vereinbaren die sechs Präsidenten aller Teilrepubliken Volksabstimmungen bis Ende Mai, ob der Bundesstaat zu einem Staatenbund umgeformt werden soll.
>
> **13. März 1991** Staatspräsident Borisav Jović erklärt Jugoslawien für unregierbar.

Die Position Serbiens

13. März 1991

Der nachhaltigste Widerstand gegen eine Auflösung oder Umwandlung Jugoslawiens kommt aus Serbien, der größten Teilrepublik des Landes. Die kleineren Nachbarnationen, insbesondere Kroaten und Slowenen – in jüngster Zeit aber auch Makedonier, die bosnischen Muslime und vor allem die Kosovo-Albaner – kritisieren, dass die Serben unter Führung von Slobodan Milošević sich mehr und mehr in der Rolle einer jugoslawischen Staatsnation sehen. Der Vorwurf lautet: Jugoslawien gehe in Serbien auf. Dagegen ist vor allem aus nationalistisch oppositionellen Kreisen unter Führung von Vuk Drašković und Vojislav Šešelj die gegenteilige Klage zu hören: Serbien gehe in Jugoslawien auf.

Außerhalb Serbiens werden immer wieder warnende Hinweise auf eine „serbische Bevormundung" oder auf „großserbische Expansionsgelüste" laut. Triebkraft solcher Äußerungen ist der Rückgriff auf die jüngere Geschichte des Landes. Nach den Zusammenbrüchen der Habsburger Monarchie im Westen und des Osmanischen Reiches im Osten wurde aus der Erbmasse der jeweiligen Randnationen Anfang dieses Jahrhunderts das Königreich der Serben, Kroaten und Slowenen gegründet. 1929 entstand daraus das Königreich Jugoslawien, das eigentlich eine serbische Monarchie war. Der Gedanke des nationalen Separatismus konkurrierte seither immer mit der gesamtstaatlichen Idee Jugoslawiens.

Unter dem Protektorat von Nazideutschland und des faschistischen Italiens konnte sich Kroatien – unter der Führung
von Ante Pavelić – um den Preis einer ebenfalls faschistischen
Diktatur selbständig machen. Serben und Juden wurden verfolgt. Tito, selbst halb Kroate und halb Slowene, führte seinen
Partisanenkrieg überwiegend mit serbischen, aber auch mit
kroatischen und slowenischen Soldaten. Sein Ziel war die Wie-
dererrichtung Jugoslawiens unter Führung der kommunistischen Partei. Andere – königstreue – Serben bekämpften wiederum Tito. Die psychologische Belastung des neuen Jugoslawien bestand nun darin, aus den Verlierern, zu denen das un-
abhängige Kroatien, aber auch königstreue Serben zählten,
und aus den Siegern einen gemeinsamen Staat zu schaffen.

Insgeheim fühlten sich viele Serben dabei als moralische
Führungskraft des Landes. Gleichzeitig litten die Serben darunter, dass Tito ihre historischen Siedlungsgebiete zerglie-
derte, damit sie als Einzelnation und Republik kein zu starkes
Übergewicht erhalten würden. Zudem wurden in der Teilrepublik Serbien noch die autonomen Gebiete Vojvodina mit
starker ungarischer Bevölkerung und das Kosovo mit starker
albanischer Bevölkerung geschaffen.

Jetzt glauben viele Serben, die Zeit ihrer nationalen Wiedergeburt sei gekommen. Diese Idee wurde vom serbischen
Kommunistenführer Milošević geschickt und teilweise dema-
gogisch ausgenutzt. Dadurch gelang den Kommunisten in Serbien vor drei Monaten ein unglaublicher Wahlsieg.

13. März 1991 Die Unruhen in Belgrad fordern zwei Todesopfer.

Der serbische Innenminister Radmilo Bogdanović wehrt sich gegen einen Rücktritt, den er später unter dem öffentlichen Druck vollzieht.

Die serbische Opposition gegen Milošević wird beschuldigt, „Agenten" des kroatischen Präsidenten Tudjman zu sein.

Zehntausende von Milošević-Anhänger antworteten mit Gegendemonstrationen.

Dissens in Belgrad

13. März 1991

Tausende von demonstrierenden Studenten in der Belgrader Innenstadt verstummten zur Mittagszeit. Mit einer Schweigeminute ehrten sie den 18jährigen Jugendlichen, der als Opfer der gewalttätigen Zusammenstöße zu Grabe getragen wurde. Die Familie hatte eigens darum gebeten, dass keine Schaulustigen und keine Demonstranten zur Beerdigung kommen sollten. Auf einem Podest im Belgrader Stadtzentrum symbolisierten 18 Mädchen mit Roten Nelken das Alter des verstorbenen Jugendlichen. Der Bevölkerung der jugoslawischen Hauptstadt wurde über Lautsprecher bekannt gegeben, dass diese studentische Versammlung nichts mit irgendeiner Parteidemonstration zu tun habe. „Dies ist ein Treffen der Wahrheit und der Liebe" hallte es aus Lautsprechern in der Innenstadt.

Parallel dazu hat die vereinigte Opposition zu weiteren Demonstrationen aufgerufen. Der inzwischen freigelassene Führer der serbischen Erneuerungsbewegung Vuk Drašković warf auf einer Pressekonferenz der Regierung vor, sie habe noch keine der oppositionellen Kernforderungen erfüllt. Dazu gehöre die Freilassung von festgenommenen Demonstranten,

146

unter denen sich auch ein weiteres Führungsmitglied der Oppositionsbewegung befindet.

Der nationalistische Wortführer der Opposition Drašković
will sich nicht mit dem geforderten Rücktritt des serbischen
Innenministers zufriedengeben. Jetzt wird der Rücktritt der
gesamten Regierung verlangt. Überdies bemängelt die Opposition, dass immer noch mehr als dreihundert Demonstranten
von der Polizei festgehalten werden. Auch Personalverände-
rungen im Bereich des serbischen Fernsehens werden von der
Opposition als unzureichend abgelehnt.

Die Großkundgebung der Opposition in Belgrad endete in
einem national-religiösen Überschwang: Vuk Drašković be-
schwor den Heiligen Sava, den Patron Serbiens, der seinen
Mantel über die Oppositionsbewegung ausgebreitet habe.
Und über allem stehe zum Schutz der Opposition nur noch
Jesus Christus.

Zwischen der politischen Opposition und den streikenden
Studenten zeichnet sich jedoch ein Dissens ab. Die Studenten
betonten in ihren Aufrufen mehrfach, dass sie sich keiner politischen Partei verpflichtet fühlten. Sie verboten auch dem
Führer der serbischen Erneuerungsbewegung, auf der Protest-
veranstaltung der Studenten zu reden.

Inzwischen hat auch die neu gegründete Kommunistische
Partei Serbiens – ein Ersatz für den Bund der Kommunisten,
der sich nun „sozialistisch" nennt –, zu einer Großkundgebung am 20. März aufgerufen. Diese Partei wird hauptsächlich
von Militärs unterstützt, zu denen als Gründungsmitglied auch
der jugoslawische Verteidigungsminister Kadijević gehört. Die
politische Opposition hat deshalb nun zu einer Gegenkund-
gebung zum selben Datum aufgerufen. Beobachter in Belgrad
gehen davon aus, dass angesichts einer drohenden Konfron-
tation auf der Straße der Druck der Militärs auf die Politiker
wachsen kann.

Gleichwohl ist entschieden worden, dass die Volks- und Mittelschulen, die wegen der Demonstrationen geschlossen blieben, ab sofort wieder mit dem Unterricht beginnen.

Die Schulen in Belgrad waren auf Antrag der Eltern geschlossen worden, nachdem die Protestbewegung der Studenten auf die Schulen übergegriffen hatte

Während in Belgrad die Demonstrationen fortgesetzt werden, hat sich die politische Auseinandersetzung zwischen den Republiken verschärft. Der slowenische Vertreter in der Staatsführung Janez Drnovšek verurteilte den Versuch des Staatspräsidiums, als oberster Befehlshaber des Landes die Einführung von Sondermaßnahmen erwogen zu haben. Der kroatische Vertreter im Staatspräsidium Stjepan Mesić hält eine Debatte auf der morgigen Sondersitzung des Präsidiums über besondere Vorkehrungen im Land für unnötig. Der Begriff „Ausnahmezustand" wird dabei von allen Beteiligten in Jugoslawien peinlich vermieden.

Demokratie und Stabilität im Widerspruch

14. März 1991

Demokratisierung und Stabilität sind in Jugoslawien keine Synthese eingegangen. Demokratie und Stabilität sind viel mehr zwei konkurrierende Größen geworden. Die Einführung von einem Mehrparteiensystem und freien Wahlen haben das Ende des Vielvölkerstaates herbeigeführt. Die Schlussfolgerung daraus lautet: die gesamtstaatliche Konzeption Titos war nicht demokratiefähig. Doch die bisherige Verfassung ist formal noch in Kraft. Ein paritätisch besetztes Staatspräsidium, dessen Vorsitzender nach einem Rotationsmodell jedes Jahr abgelöst wird, quält sich in seiner Entscheidungsunfähigkeit mit den widersprüchlichen Forderungen einzelner Republiken. Die Kluft zwischen der föderativen Verfassungstheorie und den divergierenden Kräften der Teilrepubliken könnte das Militär zum Eingreifen veranlassen. Drohgebärden des Verteidigungsministers Kadijević sind deshalb ernst zu nehmen, weil er sich nach eigenem Bekenntnis verpflichtet fühlt, den Sozialismus zu verteidigen. Die Tatsache, dass unter seinem Protektorat eine kommunistische Partei neu gegründet wurde, die überproportional viele militärische Mitglieder aufweist, zeigt, wie wenig sich die alten Kommunisten unter der gewandelten Partei Titos wohl fühlen, die sich jetzt als sozialistisch bezeichnet. Doch die Perspektive dieser Militärs kann nicht die Perspektive demokratisch gewählter Politiker sein.

Wer bereits jetzt jubelt, dass mit dem Erfolg der Demonstranten in Belgrad eine Machtprobe gewonnen wurde, der kann sich gewaltig irren. Was sich auf den Straßen der jugoslawischen Hauptstadt abgespielt hat, zeigt bei genauer Analyse weniger politische Gemeinsamkeiten als die Schlagzeilen suggerierten. Eine sogenannte Vereinte Opposition hat zwar gemeinsam Zehntausende mobilisiert, um gegen die altkommunistische Vorherrschaft an der Spitze der Massenmedien zu protestieren. Doch zwei entscheidende Wortführer dieser Oppositionsbewegung, die im Parlament nur ein Viertel aller Sitze hat, weisen kaum politische Gemeinsamkeiten auf. Unter dem Attribut der demokratischen Opposition treibt der religiös-nationalistische Verführer Vuk Drašković sein Unwesen in Serbien. Nicht-orthodoxe Nicht-Serben finden in den Äußerungen von Drašković ebenso wenig Gnade wie die Kommunisten. Die hilflose Aktion der Staatsgewalt, diesen Mann für 48 Stunden festzunehmen, hat ihn zusätzlich als neuen Helden stigmatisiert.

Auf der anderen Seite steht ein rationaler, in westlicher Demokratie-Tradition erzogener Wissenschaftler, Zoran Đinđić (Djindjić). Er hatte als oppositioneller Studentenführer in Jugoslawien eine Haftstrafe verbüßt, ging dann in die Bundesrepublik Deutschland, wo er studierte und promovierte. Seine Partei hatte weniger Zulauf bei den Wahlen. Seine besonnene Art ist nicht dazu angetan, die Massen zu verführen. Dennoch ist auch er ein Kämpfer gegen die altkommunistische Obermacht. In einem Punkt aber hat Đinđić zumindest inhaltlich gesiegt. Denn in Belgrad gab es zwei Demonstrationszentren: Das eine waren die politischen Oppositionsparteien. Das andere aber waren die Studenten. Und gerade die Studenten haben sich geweigert, den radikalen Parolen des serbischen Nationalistenführers Folge zu leisten. Mehr noch, sie haben ihm sogar verboten, im intellektuellen Lager der Streikenden verbale Agitation zu treiben. Für diese Studenten ist der besonnene Zoran Đinđić das rationale Vermittlungsglied zur politischen Opposition.

Der Machtkampf, der sich heute in Serbien abspielt, ist die verspätete Wiederauflage einer fast identischen Bewegung aus dem Jahreswechsel 1971/72 in Kroatien, die unter dem Na-

men „Kroatischer Frühling" *(Hrvatsko proljeće)* bekannt geworden ist. Damals waren auch die Studenten eine entscheidende
Triebkraft für eine politische Opposition, die – freilich noch
innerparteilich – sich selbst zwischen Nationalismus und Rationalismus aufrieb, bis der starke Mann in Belgrad, Josip Broz
Tito, mit massivem Polizeieinsatz den „Kroatischen Frühling"
beendete und fast tausend Kroaten ins Gefängnis einsperren
ließ.

Jetzt sind die Rahmenbedingungen anders. Das Machtspiel
des damaligen Präsidenten auf Lebenszeit hat den Erhalt Jugoslawiens um den Preis demokratischer Einschränkungen garantiert. Jetzt fehlt ein solcher Inhaber der Macht. Der serbische Präsident Milošević ist nicht in diese von ihm selbst gewünschte Rolle hineingewachsen. Der überwältigende Wahlsieg seiner Sozialisten vor drei Monaten in Serbien scheint nun
auf der Straße verloren zu gehen. Ein neues Machtvakuum
droht. Wenn die Armee nicht mehr ganz Jugoslawien für den
Sozialismus retten kann, dann ist immer noch zu befürchten,
dass sie ihre Mission auf Serbien beschränken könnte.

Rückblick und Zwischenbilanz

14. März 1991

Das Territorium von Jugoslawien ist etwa so groß wie die alte Bundesrepublik Deutschland. Allerdings leben in Jugoslawien nur 24 Millionen Menschen. Das Land ist industriell abgewirtschaftet, politisch zersplittert und national zerstritten. Von den sechs Teilrepubliken haben sich inzwischen die meisten für eine neue Staatsform ausgesprochen. Besonders weit ist die Entwicklung in Slowenien und Kroatien. Beide wollen unabhängig sein, um sich anschließend als souveräne Staaten in einer Konföderation zusammen zu schließen. Der hartnäckigste Gegner eines solchen Planes ist Serbien. Die serbische Führung will um jeden Preis den jetzigen Bundesstaat, also die Föderation, erhalten. Die übrigen Republiken schwanken noch. Aber sie signalisieren mehr und mehr Vorbehalte gegen eine serbische Übermacht in einem Rumpf-Jugoslawien. Deshalb wird auch in Bosnien-Herzegowina wie in Makedonien die Frage der Souveränität diskutiert. Engster Verbündeter von Serbien ist die kleinste Republik Montenegro. Deren politische Führung ist praktisch mit der serbischen Parteiführung gleichgeschaltet. In Serbien und in Montenegro konnten die Kommunisten, die sich in Sozialisten umbenannt haben, die Wahlen mit großer Mehrheit gewinnen. In den übrigen Republiken Jugoslawiens regieren inzwischen national-bürgerliche Parteien. Zwischen den beiden Konzeptionen für die Zukunft des Balkanlandes gibt es zurzeit keine Gemeinsamkeiten. Entweder schwenken Serbien und Montenegro um und sind bereit, die Staatsform zugunsten einer Konföderation zu ändern. Oder die restlichen Republiken suchen alleine nach einem Ausweg. Dann wird Jugoslawien mindestens in zwei, vielleicht auch in drei oder mehr Staaten zerfallen.

Es gibt keine jugoslawische Nation und auch keine jugoslawische Sprache. Es gibt eine Vielzahl *jugo-*, also südslawischer Völker mit jeweils eigener Sprache, eigener Literatur und mit völlig eigener Nationalgeschichte. Was heute als politischer Konflikt in Jugoslawien aufbricht, hat bereits vor fast eintausend Jahren begonnen. Der gesamte Balkan gehörte zum Römischen Reich, das sich in ein west- und in ein oströmisches Reich aufgespalten hat. Die Grenze dieser beiden Reiche geht genau durch das Zentrum des heutigen Jugoslawien. Die westlichen Völker, die Slowenen und Kroaten, gehörten zu Westrom, sind katholisch und die Slowenen auch teilweise reformiert. Der Osten, also Serbien, Montenegro und Makedonien gehörten zu Ostrom und sind deshalb orthodox. Diese kulturelle Spaltung wurde durch zwei weitere Großmächte über Jahrhunderte hinweg zementiert. Nach dem Zusammenbruch des oströmischen, also des byzantinischen Reiches, folgte das Osmanische Reich. Die Türken besetzten die Balkanhalbinsel etwa bis zur Mitte des heutigen Jugoslawien. Opfer dieser Expansion im Osten war das bedeutende mittelalterliche Großreich der serbischen Zaren, das große Teile des heutigen Griechenland umfasst hat. Vom Westen her weiteten sich erst Ungarn und dann die österreichisch-ungarische Doppelmonarchie der Habsburger auf dem Balkan aus. Opfer war das selbständige Königreich der Kroaten. Am Schnittpunkt der beiden Reiche gelang es den Osmanen, einen Teil der slawischen Stammbevölkerung zu islamisieren. Seither gibt es im heutigen Bosnien die Nation der bosnischen Muslime, auch Bosnjaken genannt. Mit dem Zusammenbruch der Habsburger Monarchie im Westen und des Osmanischen Reiches im Osten wurde erst zu Anfang dieses Jahrhunderts aus den jeweiligen Randnationen das Königreich der Serben, Kroaten und Slowenen gegründet, aus denen später Jugoslawien entstand. Diese jugoslawische Staatsidee hat es bis heute nicht geschafft, die kulturhistorischen Grenzen zwischen den Nationen zu überwinden. Serbien und Montenegro gelten als diejenigen

Republiken, die sich am stärksten für den Erhalt des gesamtjugoslawischen Staates engagiert. Auch dafür bietet die jüngste Geschichte Jugoslawiens eine überzeugende Erklärung: Der Vielvölkerstaat war als Königreich unter Führung der serbischen Monarchie erst 1918 gegründet worden. Der Gedanke des nationalen Separatismus konkurrierte seither immer mit der gesamtstaatlichen Idee Jugoslawiens.

Nationale Identität und religiöses Bekenntnis bilden bei den Völkern Jugoslawiens historische Einheiten. Wer orthodox ist, kann kein Kroate sein. Ein Katholik wiederum wird sich nicht mit dem Serbentum identifizieren. Ein Bosnjake bezeichnet sich auch ohne religiöses Bekenntnis als Muslim. Doch die innerjugoslawischen Grenzen decken sich nicht völlig mit den nationalen Siedlungsgebieten der einzelnen Völker. Serben leben in Kroatien und Montenegro, Kroaten leben in der Vojvodina, beide Völker leben zusammen mit den Muslimen in Bosnien-Herzegowina. Albaner siedeln nicht nur im Kosovo, sondern sie bilden eine wachsende Minderheit in Makedonien. Mit Beginn der Demokratisierung und politischen Differenzierung sind zwei gegenläufige Prozesse in Bewegung gekommen.

Erstens: Parteien der sogenannten Titularnationen einzelner Republiken gewinnen an Einfluss gegenüber einer verschwinden kleinen Gruppe von Menschen, die noch gesamtjugoslawisch denken und sich als „Jugoslawen" bezeichnen.

Zweitens: Die nationalen Minderheiten in den jeweiligen Republiken fühlen sich durch diese Entwicklung benachteiligt und fordern eine Bestandsgarantie möglichst in Form einer Autonomie. In diesem Kontext ist zu verstehen, dass sich serbische Minderheiten in Kroatien für autonom erklärten und Hilfe für ihre Minderheitenrechte bei der Armee suchten. Für den Fall einer Loslösung Kroatiens aus Jugoslawien haben die Minderheitenvertreter der Serben bereits bei der Menschenrechtskommission der Vereinten Nationen in Genf vorgesprochen.

Die Verflechtung der Völker ist durch wirtschaftliche Wanderbewegungen noch verstärkt worden. Bei der Rückkehr zu einzelnen Nationalstaaten werden daher alle betroffenen Völker Grenzrevisionen verlangen und den Balkan in das berühmte Pulverfass verwandeln.

Ein Wortspiel in Jugoslawien antwortet auf die Frage, wovon ist das Land umgeben. Die Antwort lautet: *BRIGAMA*. Dieses serbokroatische Wort ist zusammengesetzt aus den Anfangsbuchstaben aller Anrainerstaaten:

- *Bugarska* (Bulgarien)
- *Rumunjska* (Rumänien)
- *Italija* (Italien)
- *Grčka* (Griechenland)
- *Albaniija* (Albanien)
- *Mađarska* (Ungarn)
- *Austrija* (Österreich).

Gleichzeitig aber heißt dieser Ausdruck *Brigama*: "mit Sorgen"; die Nachbarländer als Sorgenkinder des Vielvölkerstaates. Die Probleme dieser Außenbeziehungen resultieren vor allem daher, dass in den Grenzgebieten keine klare Abtrennung zwischen den Nationen möglich ist.

Im Südosten wurde 1944 die makedonische Nation mit einer eigenen Sprache gegründet. Die Bulgaren behaupten, es handele sich dabei um die bulgarische Sprache. Eine makedonische Nation wie auch eine eigene makedonische Sprache gäbe es nicht. Auch Griechenland reagierte verbittert auf diese Gründung der makedonischen Nation, weil Nordgriechenland als das „eigentliche" griechische Makedonien gilt. Überdies behauptet Jugoslawien, slawisch-makedonische Minderheiten lebten in Bulgarien und Griechenland. Auch damit zieht sich Jugoslawien den Zorn dieser Nachbarn zu. Daneben leben slowenische und kroatische Minderheiten in Österreich, italienische Minderheiten in Slowenien und umgekehrt, ungarische und rumänische Minderheiten in Serbien und umgekehrt.

Die Beziehungen zwischen Jugoslawien und Italien sind deutlich besser, seit der Streit um Triest geklärt wurde, auf das beide Länder nach dem Zweiten Weltkrieg Anspruch erhoben hatten.

Die größte Herausforderung ist jedoch die albanische Frage: etwa 2,2 Millionen Albaner leben in Jugoslawien, überwiegend im Kosovo und in Makedonien, die beide an Albanien grenzen. Der vorsichtige Reformbeginn in Albanien hat dazu geführt, dass bereits laut über eine mögliche Vereinigung der Albaner diskutiert wird. Die Regierungen auf beiden Seiten spielen dieses Thema herunter. Doch zahlreiche Autos mit Kennzeichen aus dem Kosovo fahren in Albanien umher. Westliche Konsumgüter werden aus dem Kosovo auf die albanischen Märkte geschafft. Der Ruf nach einer albanischen Kosovo-Republik taucht auf beiden Seiten der Grenze bei Demonstrationen auf. Bei einem Zerfall Jugoslawiens werden daher alle Nachbarländer bemüht sein, auch ihre Interessen durchzusetzen.

Die jugoslawische Verfassung ist eine der umfangreichsten in der ganzen Welt: mehr als 400 Verfassungsartikel, die engbedruckt 150 Buchseiten füllen. Die Verwaltung der Macht sollte bis in das kleinste Detail geregelt werden. Nach einem Rotationsprinzip wurden alle sechs Teilrepubliken und die beiden autonomen Gebiete an den wichtigsten Staatsämtern beteiligt. Doch die meisten Republiken haben durch eigene neue Verfassungen das gesamtjugoslawische Grundgesetz zur Makulatur erklärt.

Das Militär beruft sich immer noch auf seinen Verfassungsauftrag, wonach die Armee für die Einheit des Landes verantwortlich ist. Die jugoslawische Armee ist aber mehr als bloß eine Stütze der Staatsmacht. Sie ist auch die letzte ideologische Säule, wenn es nach dem Anspruch der meisten Generäle und Offiziere geht. Das Offizierskorps ist in kommunistischer Tradition erzogen, überwiegend serbisch, und sieht mit Schrecken der Demokratisierung im eigenen Land entgegen. Gegen das Muskelspiel der Waffenträger wehren sich Slowenien und Kroatien mit eigenen Milizverbänden.

Die zweite Säule der Macht, der Bund der Kommunisten Jugoslawiens, ist jämmerlich zusammengebrochen. Die Führungsrolle der ehemals einzigen Partei und ihrer gesellschaftlichen Organisationen lebt nur noch im östlichen Landesteil unter dem Namen „Sozialistische Partei" weiter. Trotz des neuen Namens und eines neuen Programms residieren die vertrauten Parteikader im alten Zentralkomitee von Belgrad. Die jüngste Protestbewegung in der jugoslawischen Hauptstadt konnte wenigstens in Ansätzen erreichen, dass die Sozialisten ihr Meinungsmonopol bei den Massenmedien allmählich einschränken. Zu den Trägern der neuen Macht gehören nun nationale Parteien und nicht zuletzt die Kirchen und Glaubensgemeinschaften, die von Tito gesellschaftlich an den Rand gedrängt worden waren.

Rücktritt des Staatspräsidenten

15. März 1991

Mit einer leidenschaftlichen Warnung vor einem drohenden Bürgerkrieg und einem Bankrott des Staates hat der jugoslawische Staatspräsident Borisav Jović seinen Rücktritt erklärt. In seiner Stellungnahme wehrte sich Jović gegen alle Spekulationen über einen vom Militär erstrebten Ausnahmezustand. Nach seiner Darstellung sollte die Armee lediglich zwei Aufgaben übernehmen:

Erstens, die Einsatzbereitschaft, um Zusammenstöße im Land zwischen den einzelnen Völkern zu vermeiden. Zweitens, Maßnahmen zu ergreifen, um das angeschlagene System der Volksverteidigung wiederherzustellen. Eine weitere Rolle der Armee schloss Jović wörtlich aus mit dem Hinweis: „Die Jugoslawische Volksarmee beziehungsweise die Streitkräfte des Landes haben weder die Aufgabe noch die Absicht, sich in das politische Leben einzumischen."

Mit dem Rücktritt des amtierenden Staatspräsidenten Jović haben die vom Militär unterstützten Zentralisten im jugoslawischen Machtkampf möglicherweise die entscheidende Niederlage erlitten. In einer Sitzung des Staatspräsidiums, das aus den Vertretern der Republiken und Autonomen Gebiete zusammengesetzt ist, hatte der Serbe Jović vergeblich versucht, die Pläne der Armee zur Einführung von Notstandsmaßnahmen durchzusetzen. Obwohl sich die Lage nach den Demonstrationen in Belgrad beruhigt hatte, unterstützte der zurückgetretene Staatspräsident Jović weiterhin die Absicht

158

der Armee – wie es heißt – „angemessene Maßnahmen zu ergreifen, um einen Bürgerkrieg und bewaffnete Zusammenstöße zwischen den einzelnen Volksgruppen zu verhindern". Ein solches Eingreifen der Armee, das auch als „Ultimatum" gewertet wurde, hat die Mehrheit des Staatspräsidiums abgelehnt.

Seit einigen Tagen wurde diese nicht näher definierte Forderung der Armee vor allem von der Presse als „drohender Ausnahmezustand" bezeichnet. Das jugoslawische Staatspräsidium hatte in seinen Kommuniqués diesen Begriff jedoch nicht benutzt. Nach Darstellung aus Belgrad hat das Oberkommando der Streitkräfte bekannt gegeben, man werde die Lage erneut prüfen, die sich aus der Verweigerungshaltung des Staatspräsidiums ergebe.

Durch eine Veröffentlichung der kroatischen Nachrichtenagentur HINA mit Sitz in Zagreb hatte sich die Informationslage am Abend zugespitzt. HINA warf der Armee vor, bereits konkrete Pläne für die Übernahme der Macht vorbereitet zu haben. Demnach soll die jugoslawische Armee bereits ihre in Kroatien stationierten Einheiten in erhöhte Alarmbereitschaft versetzt haben. Das Signal zum Eingreifen der Armee hätte nach kroatischer Darstellung aus Belgrad kommen sollen, um angeblich die serbische Minderheit in Kroatien zu schützen. Aus dem Generalstab der jugoslawischen Armee wurde jedoch schon seit zwei Tagen von Unstimmigkeiten zwischen führenden Militärs über das weitere Vorgehen in Jugoslawien berichtet.

Mitteilung der Armee

19. März 1991

Der Generalstab der jugoslawischen Armee hat sich gegen eine Übernahme der politischen Macht durch das Militär in Jugoslawien ausgesprochen.[13] Befürchtungen vor einem Militärputsch scheinen derzeit nicht mehr realistisch. Die Jugoslawische Volksarmee hat in einer Stellungnahme zugesagt, sich nicht in politische Verträge über die Zukunft des Landes einzumischen. Gleichwohl beansprucht die Armee, die Grenzen Jugoslawiens vor jeder Veränderung zu schützen und sieht sich als Garant der Verfassungsordnung. Beobachter vermuten dahinter immer noch eine Drohgebärde der Armee.

Der militärische Anspruch auf den Schutz der Grenzen kann sowohl die inneren Grenzen zwischen den Republiken als auch die äußeren Staatgrenzen betreffen und in beiden Fällen schon jetzt ein späteres Eingreifen der Armee rechtfertigen.

Ferner beharren die Militärs darauf, die Territorialverteidigung der einzelnen Republiken wieder dem Oberkommando der Armee zu unterstellen. Slowenien und Kroatien haben das Kommando für ihre Landesverteidigung, die auf der Strategie des Partisanenkrieges aufbaut, der Armee entzogen. Der Generalstab fordert außerdem, dass die Finanzierung der Armee wieder gesichert wird. Die nach Unabhängigkeit strebenden Republiken weigern sich derzeit, Zahlungen an den Bundeshaushalt der jugoslawischen Regierung zu leisten.

Die kroatische Zeitung *Vjesnik* hatte bereits in ihrer jüngsten Ausgabe begründet, warum die Armee keinen Putsch wagen wird:

---

[13] Vgl. das Dokument im Anhang S. 229 ff. im Wortlaut und mit deutscher Übersetzung.

Erstens würden die USA und die EG einen solchen Putsch nicht hinnehmen. Zweitens würde ein Eingreifen der Armee erst jenen Bürgerkrieg auslösen, den zu verhindern sie selbst vorgibt.

Mit der sogenannten weichen Variante hat sich innerhalb der Armee die Linie von Verteidigungsminister Veljko Kadijević durchgesetzt, während Generalstabschef Blagoje Adžič nach Darstellung jugoslawischer Zeitungen zu einer radikalen Variante geneigt haben soll. In diesem Fall hätte die Armee die Auflösung aller Verfassungsorgane angestrebt und die alleinige Macht in Jugoslawien übernommen.

21. März 1991 Borisav Jović erklärt den Rücktritt von seinem Rücktritt als Staatspräsident.

31. März 1991 Bewaffneter Zwischenfall in Kroatien bei den Plitwitzer Seen (Plitvička jezera) zwischen kroatischen Polizisten und serbischen paramilitärischen Kräften mit zwei Toten und 20 Verletzten.

1. April 1991 Die serbische Minderheit in Kroatien erklärt ihren Anschluss an Serbien und mobilisiert eigene Milizverbände.

17. April 1991 Streik in der Metall-, Textil- und Lederindustrie von 700.000 Beschäftigten, weil Löhne nicht mehr bezahlt werden. Die Regierung beschließt daraufhin die Auszahlung des gesetzlichen Mindestlohnes von 300 Mark.

18. April 1991 Die kroatische Nationalgarde wird gegründet, bestehend aus Spezialeinheiten der Polizei und der ehemaligen Territorialverteidigung.

2. Mai 1991 Bewaffnete Auseinandersetzungen in Slawonien/ Kroatien (Borovo Selo) zwischen Polizei/Nationalgarde und serbischen Minderheitsvertretern. 12 kroatische Polizisten und drei serbische Zivilisten werden getötet. Ein weiterer kroatischer Polizist stirbt bei Unruhen im selbst ernannten „serbischen autonomen Gebiet Krajina" in Dalmatien.

Kroatiens Präsident spricht von Krieg

3. Mai 1991

Um 2.40 Uhr in der Nacht richtete der kroatische Präsident Franjo Tudjman einen dringlichen Apell an die Bevölkerung, in dem er vom Beginn eines offenen Krieges gegen Kroatien sprach. Nach dem Ausbruch der blutigen Zusammenstöße zwischen Serben und Kroaten bestätigte der kroatische Präsident Tudjman zunächst, dass bei den Kämpfen in Slawonien mindestens neun Personen getötet wurden. Drei gelten als vermisst.

Die jüngsten Unruhen kann man nach den Worten des kroatischen Präsidenten als – „den Beginn eines offenen Krieges gegen Kroatien" sehen. Seiner Meinung nach soll damit verhindert werden, dass Kroatien am 15. Mai turnusmäßig den Vorsitz im höchsten Gremium, dem jugoslawischen Staatspräsidium, übernimmt. Gleichzeitig – so Tudjman – sollen die Kämpfe ein Referendum Kroatiens über den Verbleib in Jugoslawien unmöglich machen, das ebenfalls für diesen Monat geplant ist. Das Aufbrechen der Kämpfe zwischen Serben und Kroaten nannte Tudjman den tragischsten Tag in der kurzen Geschichte der Demokratie Kroatiens.

Für den kroatischen Präsidenten besteht kein Zweifel, dass die Unruhen in Serbien organisiert und die - wie er sagte – „Terroristen in Slawonien und Knin" größtenteils aus Serbien kamen. Obwohl Tudjman an die Kroaten appellierte, Ruhe zu bewahren, warnte er wörtlich: „Wenn nötig, werden wir das ganze Volk dazu aufrufen, Kroatien mit Waffen zu verteidigen."

Bis zur Stunde ist der genaue Verlauf der blutigen Zusammenstöße im nordöstlichen Slawonien und im südlichen Küstengebiet von Dalmatien unklar. Das Zagreber Innenministerium sprach davon, dass in dem Dorf Borovo Selo mit überwiegend serbischer Bevölkerung, nördlich von Vukovar in Slawonien, sogenannte Söldner aus Serbien eine Basis errichtet hätten, um die kroatischen Einwohner zu terrorisieren. Dabei waren in den letzten Tagen Eisenbahnstrecken gesprengt und Straßensperren errichtet worden. In dem Dorf Borovo Selo sollen dann kroatische Polizisten von Serben entführt worden sein, was zum Auftakt der Kämpfe führte.

Fast gleichzeitig war es zu Zusammenstößen in der südlichen Küstenregion von Dalmatien gekommen, wo – mit dem Zentrum Knin – große serbische Minderheiten wohnen. Diese Serben hatten einseitig ihre Autonomie ausgerufen und lassen sich von selbsternannten serbischen Polizisten verteidigen, die inzwischen aus der Republik Serbien unterstützt werden. Nach Darstellung des Zagreber Innenministeriums verhält sich die jugoslawische Armee in diesem Konflikt unklar: Vereinzelt – so heißt es – hätten Armee-Einheiten mit den kroatischen Stellen zusammengearbeitet. Andere Einheiten sollen jedoch die kroatische Polizei bei ihrem Einsatz gegen die Unruhen behindert haben.

Die vorläufige Bilanz der Opfer ist inzwischen nach oben revidiert worden. Wie die kroatische Nachrichtenagentur HINA aus Zagreb telefonisch mitteilte, hat die kroatische Seite 13 Tote und 21 Verletzte zu beklagen. Über Opfer auf Seiten der Serben liegen noch keine Angaben vor.

Ultimative Warnungen der Armee

8. Mai 1991

Dem jugoslawischen Staatspräsidium steht möglicherweise eine lange Nacht bevor. Die bislang gescheiterten Versuche, eine politische Lösung für den zugespitzten Nationalitätenstreit zu finden, waren auf den heutigen Abend vertagt worden. In der Zwischenzeit hatte sich der stellvertretende Verteidigungsminister Admiral Stane Brovet dem Verteidigungsausschuss des jugoslawischen Parlaments gestellt. Dabei rechtfertigte er die ultimativen Forderungen der militärischen Führung an die politische Spitze des Staates, endlich Ordnung zu schaffen oder selbst eingreifen zu wollen. Die täglichen Zusammenstöße sind für ihn Ausdruck von verschiedenen Formen eines Bürgerkrieges. Dafür machte Admiral Brovet – wie er wörtlich sagte – „leider die legal gewählten Machtorgane" verantwortlich, und zwar besonders in den Gebieten mit national gemischter Bevölkerung.

Besonders den Verantwortlichen in Kroatien warf der Admiral unverständliche Angriffe auf die Armee vor. Nach Darstellung kroatischer Quellen in Zagreb gab es jedoch im Laufe des heutigen Tages keine neuerlichen Zusammenstöße zwischen Serben und Kroaten. Die Lage ist verhältnismäßig ruhig, bestätigte ein Regierungssprecher in der kroatischen Hauptstadt.

Dagegen wird aus der zentralen Republik Bosnien-Herzegowina weiterhin Widerstand der kroatisch-stämmigen Bevölkerung gegen gepanzerte Verbände der Armee gemeldet. Mit Straßenbarrikaden wurde versucht, das Vorrücken der Armeekolonnen aus dem Landesinneren in die südliche Küstenregion zu verhindern. Die Küstenregion gehört wiederum zu Kroatien.

Während sich derzeit in Jugoslawien die militärischen und die politischen Kräfte im Gleichgewicht zu halten versuchen, wird der scharfe verbale Schlagabtausch in den Massenmedien des Landes weitergeführt. Die slowenische Tageszeitung *Delo* polemisierte nach den Warnungen der Militärs, die jugoslawische Armee sei großen politischen Aufgaben überhaupt nicht gewachsen. Überdies gäbe es momentan für Slowenien weniger Gründe denn je, sich nicht zu verselbständigen. Im Klartext also fühlt sich Slowenien auf seinem Weg in die Unabhängigkeit durch das jüngste Ultimatum der Militärs bestätigt. Die größte Tageszeitung der südlichsten Republik, die *Nova Makedonia*, sieht nun die Stunde gekommen, sich spätestens jetzt für die Unabhängigkeit vorzubereiten.

In Belgrad wurde indessen von der dortigen Tageszeitung *Borba* ein wenig der Schleier der letzten Sitzung des Staatspräsidiums gelüftet: Demnach hatten nur Serbien und Montenegro die ultimativen Forderungen der Militärs unterstützt, mit denen auch ein Schießbefehl an die Soldaten zur Selbstverteidigung verbunden ist. Kroatien – unterstützt von Slowenien – beanspruchte dagegen, die Konflikte aus eigener Kraft lösen zu können. Mit derselben Polarisierung werden nun die Gespräche auf oberster politische Ebene fortgesetzt.

Versuch einer Konflikteindämmung

9. Mai 1991

Mit hektischen politischen Aktivitäten haben jugoslawische Spitzenpolitiker auf die jüngste Erklärung des Staatspräsidiums reagiert, um zur Befriedung des Nationalitätenkonfliktes beizutragen. Der serbische Präsident Milošević und der kroatische Präsident Tudjman wandten sich in getrennten Aufrufen an die Bevölkerung, weiteres Blutvergießen zu vermeiden. Der kroatische Präsident appellierte eigens an die kroatischen Bewohner in der zentralen Republik Bosnien-Herzegowina, die sich mit Barrikaden einer gepanzerten Armee-Kolonne in den Weg gestellt hatten.

Präsident Tudjman bescheinigte diesen Demonstranten, sie hätten bereits einen Sieg errungen, indem sie die Hilflosigkeit der Armee gegenüber einem Volk gezeigt hätten, das entschlossen sei, seine Freiheit und Demokratie zu verteidigen.

Alija Izetbegović, Präsident der zentralen Republik Bosnien-Herzegowina, eilte direkt zum Ort der Blockade, um die Bevölkerung seinerseits von einem weiteren Widerstand gegen die Armee abzubringen. Der jugoslawische Ministerpräsident Marković begann hinter verschlossenen Türen derweil Vermittlungsgespräche in der kroatischen Stadt Vukovar, in der eine große serbische Minderheit lebt. Aus dem nordöstlichen kroatisch-serbischen Grenzgebiet wird jedoch eine weitgehende Normalisierung der Lage gemeldet.

***

Der Beschluss des Jugoslawischen Staatspräsidiums ist auf den ersten Blick ein halber Sieg für die Armee und eine halbe Niederlage für die Republik Kroatien.

Mit einem 6-Punkte-Programm hat das Staatspräsidium auf die ultimativen Forderungen der Militärs geantwortet, um die ethnischen Zusammenstöße in Kroatien auf politischem Wege zu lösen. Der jugoslawischen Armee wird jedoch bescheinigt, sie habe sich im Nationalitätenkonflikt korrekt verhalten. Die Armee soll auch weiterhin die Beschlüsse der politischen Staatsführung sichern.[14]

Als Konsequenz müssen alle Reservekräfte der Polizei und der Miliz demobilisiert werden. Ohne eine Republik namentlich zu nennen, ist damit die kroatische Polizei ebenso gemeint wie die selbsternannten Milizen der serbischen Minderheit in Kroatien. Mit Ausnahme der Armee und der Truppen des Innenministeriums dürfen keine sonstigen bewaffneten Formationen in die Krisengebiete vordringen. Die Zivilbevölkerung soll entwaffnet werden.

Für einen Monat versucht das Staatspräsidium daher so etwas wie einen Waffenstillstand in den Gebieten mit gemischtnationaler Bevölkerung zu erreichen. Am schwersten dürften für Kroatien die politischen Bedingungen zu verkraften sein, die im Punkt Fünf der Erklärung enthalten sind. Denn Kroatien soll mit der serbischen Minderheit über eine Gleichberechtigung bis hin zum Recht auf deren Abspaltung verhandeln. Hier liegt die eigentliche Niederlage für die kroatische Regierung, die ein solches Recht der serbischen Minderheit stets streitig gemacht hat. Darüber hinaus soll auch eine Gleichstellung der Kroaten und der Serben im Gebrauch von Sprache, Schrift sowie der nationalen und staatlichen Symbole angestrebt werden.

---

14 14 Vgl. das Dokument im Anhang S. 232 ff. im Wortlaut und mit deutscher Übersetzung.

Kroatien hatte der serbischen Minderheit zwar stets eine Kulturautonomie zugestanden, sich jedoch gegen eine staatliche Autonomie der Serben gewandt. Die Regierung in Zagreb befürchtete dadurch eine Untergrabung der staatlichen Souveränität Kroatiens, die wiederum Voraussetzung für einen Austritt aus Jugoslawien ist. Die Erklärung des Staatspräsidiums verpflichtet die kroatische Regierung nun, mit den – wie es heißt – „legitimen Vertretern des serbischen Volkes in Kroatien" zu verhandeln. Bislang hat Kroatien jedoch die Wahlen der serbischen Minderheit, deren Vertreter und deren selbst ausgerufene Autonomie noch gar nicht anerkannt.

Es fällt auf, dass die jugoslawische Armee mehrfach als verfassungsmäßige Kraft in der Erklärung unterstützt und gegen Angriffe verteidigt wird. Der einzige kritische Hinweis liegt in der Formulierung, man hoffe, dass durch eine Beruhigung der Lage die Kampfbereitschaft der Armee wieder auf ein normales Maß beschränkt wird. Obwohl diese Erklärung einstimmig, also auch mit dem Einverständnis des kroatischen Vertreters, verabschiedet wurde, scheint der ethnische Konflikt von der Straße nun lediglich wieder an den Verhandlungstisch verlagert zu sein, ohne dass eine wirkliche Lösung in Aussicht steht.

Streit um die Deutungshoheit

10. Mai 1991

Einer der wichtigsten Krisenpunkte in Jugoslawien ist entschärft worden. In der vergangenen Nacht hat die Bevölkerung in der zentralen Republik Bosnien-Herzegowina die letzten Blockaden gegen einen Durchzug gepanzerter Armeeverbände geräumt. Dies gab zu Beginn der heutigen Sitzung der stellvertretende Verteidigungsminister Admiral Stane Brovet im gesamtjugoslawischen Parlament in Belgrad bekannt. Der Admiral zeichnete ein düsteres Bild drohender Zusammenstöße, die in letzter Minute hätten abgewehrt werden können. Nach seiner Darstellung hatte die Bevölkerung mit Molotow-Cocktails Angriffe gegen die Soldaten vorbereitet. Im Laufe des gestrigen Tages konnte der Präsident der Republik Bosnien-Herzegowina Alija Izetbegović bei dem Konflikt erfolgreich vermitteln.

Der kroatische Rundfunk hatte zunächst Befürchtungen geäußert, dass die Armee mit Hubschrauberstaffeln und Fallschirmjägern gegen die Bevölkerung vorgehen wolle. Der Admiral begründete den Einsatz der zusätzlichen Soldaten mit dem normalen Verlauf des Armeetransportes. Das gesamtjugoslawische Parlament wird auf seiner heutigen Sitzung die Konsequenzen behandeln, die nun aus dem Kompromiss zwischen militärischer und politischer Führung folgen. Das Staatspräsidium hatte in einer Sechs-Punkte-Erklärung dem Militär die Aufgaben für eine Befriedung der Lage übertragen, gleichzeitig aber Kroatien zu politischen Verhandlungen mit der serbischen Minderheit aufgefordert.

Inzwischen zeichnet sich ein Streit um die Auslegung der Beschlüsse ab, mit denen das Staatspräsidium den Nationalitätenkonflikt zwischen Serben und Kroaten beizulegen versucht. Der kroatische Präsident will der Aufforderung zur Demobilisierung der Kroatischen Polizei zwar nachkommen, lehnt aber deren Entwaffnung ab. In dem entsprechenden Punkt Drei der Erklärung heißt es doppeldeutig, dass von den Bürgern die Waffen eingezogen und unter Verwahrung genommen werden sollen. Für die jugoslawische Armee sind diese Waffenreserven der kroatischen Polizei illegal und deren Angehörige einfache Bürger. Der kroatische Präsident erklärte sich vor der Presse zwar zur Zusammenarbeit mit der Armee bereit, die immer noch in Alarmbereitschaft versetzt ist. Gleichzeitig schränkte Tudjman ein, diese Zusammenarbeit ende dort, „wo sich das Militär als Besatzungsarmee" erweise. Überdies komme für ihn eine Entwaffnung der kroatischen Polizeireserven und Milizverbände in den gemischt-nationalen Spannungsgebieten nicht in Frage.

Deutlicher protestierte der slowenische Ministerpräsident Lojze Peterle gegen die Alarmbereitschaft der Armee. Er sprach von einer „beispiellosen Provokation", die dazu beigetragen habe, dass Slowenien entgegen seinen ursprünglichen Plänen ab sofort den Bundesbehörden die Zuständigkeit für die Verteidigung Sloweniens entziehe. Slowenien bekräftigte seinen Beschluss, am 26. Juni seine Unabhängigkeit von Jugoslawien zu erklären. Ursprünglich war Slowenien bereit, eine dreijährige Übergangsphase zu akzeptieren, innerhalb derer Slowenien sich trotz seiner angestrebten Unabhängigkeit dem gesamtjugoslawischen Verteidigungssystem weiter unterstellen wollte.

Kompromiss wird ausgehöhlt

11. Mai 1991

Der politische Kompromiss in Jugoslawien, mit dem eine offene Machtergreifung des Militärs verhindert werden sollte, wird in der Praxis bereits ausgehöhlt. Die Vertreter der serbischen Minderheit in Kroatien bereiten im Alleingang eine Abstimmung über eine mögliche Abspaltung aus Kroatien vor, ohne die Verhandlungen abzuwarten, die vom kollektiven Staatspräsidium vereinbart worden sind. Die Serben reagieren damit auf die Entscheidung des kroatischen Präsidenten Tudjman, die kroatischen Polizeireserven nicht zu entwaffnen.

Die Serben in Kroatien hatten deshalb beschlossen, auch ihrerseits die Waffen nicht abzugeben. Inzwischen deutete der designierte Staatschef Jugoslawiens, der Kroate Stipe Mesić, an, dass Kroatien nun doch bereit sei, die Waffen der Polizeireserve einzuziehen.

Angesichts dieser weiterhin widersprüchlichen und politisch angespannten Lage hat der slowenische Präsident Milan Kučan eine vermittelnde Rolle europäischer Nachbarstaaten als wünschenswert begrüßt. Von mehreren Seiten, insbesondere von den Mitgliedern der Pentagonale, zu denen Italien, Österreich, die Tschechoslowakei, Ungarn und Jugoslawien selbst gehören, war eine solche Mission angeboten worden. Weitere Beratungen der sechs Republikpräsidenten in Jugoslawien sind inzwischen auf den 16. Mai verschoben worden. Einen Tag zuvor soll Kroatien routinemäßig den Vorsitz im jugoslawischen Staatspräsidium übernehmen.

Als Reaktion auf die angespannte Lage im Nachbarland hat das ungarische Außenministerium seinen Bürgern empfohlen, auf Sommerreisen nach Jugoslawien zu verzichten.

In Ungarn und in Österreich wird bereits erörtert, wie man eine mögliche Fluchtwelle aus Jugoslawien auffangen könne. An der österreichisch-jugoslawischen Grenze ist schon mehrfach erhöhte Alarmbereitschaft verordnet worden. Österreich hält etwa 12.000 Betten für Flüchtlinge in ständiger Bereitschaft. Ungarn kann nach Angaben aus Budapest ohne besondere Vorbereitung etwa 8.000 Flüchtlinge unterbringen.

Serben in Kroatien

13. Mai 1991

Die Führung der serbischen Minderheit in Kroatien ist gewillt, einen Austritt der Republik Kroatien aus dem jugoslawischen Staatsverband zu verhindern. Mit diesem Ziel haben die Serben in Kroatien ein Referendum durchgeführt, dessen erste Ergebnisse ein eindeutiges Votum zeitigt. Nach Auszählung der Hälfte der 12 Wahlbezirke haben mehr als 90 Prozent der Serben sich dafür ausgesprochen, dass ihr selbst ernanntes autonomes Gebiet Krajina im Hinterland der kroatischen Küste zusammen mit Serbien und Montenegro im Jugoslawischen Staatsverband verbleiben soll. Staatsrechtlich wünschen sich die Serben einen Anschluss an ihre Heimatrepublik.

Dies ist jedoch eine territoriale Absurdität, weil zwischen dem Siedlungsgebiet der serbischen Minderheit in Dalmatien und ihrem Mutterland noch die Teilrepublik Bosnien-Herzegowina liegt. Andere Teile der serbischen Minderheit leben verstreut in der nordöstlichen Region Slawonien sowie im zentralen Teil von Kroatien.

Die zuständige kroatische Regierung in Zagreb betrachtet das Referendum ebenso wie eine frühere Unabhängigkeitserklärung der Serben als ungültig. Allerdings soll nach einem Beschluss der sechs Republikpräsidenten in Jugoslawien jede Republik ein eigenes Referendum durchführen, um festzustellen, ob deren Bevölkerung den jugoslawischen Staatsverband verlassen oder im Gesamtstaat verbleiben möchte.

Die Präsidenten der beiden Teilrepubliken Makedonien, Kiro Gligorov, sowie Bosnien-Herzegowina, Alija Izetbegović, haben bei einem Treffen in Sarajewo einen gemeinsamen Plan für die Zukunft Jugoslawiens vorgelegt. Demnach soll der Staatsverband zwar erhalten bleiben, jedoch unter größtmöglicher Berücksichtigung der Souveränität der einzelnen Republiken.

Für Slowenien ist dieser Vorschlag bereits bedeutungslos. Denn Slowenien will am 26. Juni den jugoslawischen Staatsverband verlassen und sich für unabhängig erklären. Der kroatische Präsident Tudjman hat sich dafür ausgesprochen, dass seine Republik, wenn auch mit zeitlicher Verzögerung, dem slowenischen Vorbild in die Unabhängigkeit folgen will.

Missbrauchte Geschichte

Die Geschichte als Vehikel für die politische Agitation benutzt ganz ungeniert der nationalistische Verführer der serbischen Opposition, Vuk Drašković. Er macht sich zum Sprecher einer großserbischen Bewegung, deren Parolen sich gegen die Kroaten ebenso wie gegen die Albaner auf dem Kosovo richten. Der oppositionelle Nationalist zitiert bei Großveranstaltungen gerne seine Großmutter, die ihn stets an die Niederlage der Serben gegen die Türken auf dem Amselfeld, dem Kosovo, erinnert hat. Ein Ereignis vor 600 Jahren, das heute noch die nationalen serbischen Gemüter bewegt.

„Dort auf dem Kosovo haben wir unser Zarentum, unsere Ehre und unsere Herrschaft verloren. Schmerz und Trauer müssen wir an diesem Tag empfinden, unsere Nachkommen, unsere Jugend, wir alle". Diese Worte hämmert Drašković immer wieder seinem Publikum ein. Das Gefühl der historischen Niederlage richtet sich inzwischen gegen die ungeliebten Albaner, die im Kosovo siedeln und deren Schicksal durch den aktuellen serbisch-kroatischen Konflikt in der öffentlichen Wahrnehmung verdrängt wird.

In einer solchen Stimmung haben es die letzten Politiker, die überhaupt noch gesamtjugoslawisch denken, äußerst schwer, sich Gehör zu verschaffen. Zu ihnen gehört der gesamtjugoslawische Ministerpräsident Ante Marković, der eine machtlose Zentralregierung zu leiten hat. Er wollte Jugoslawien auf wirtschaftlichem Wege retten und kam zu der Erkenntnis: „Das zentrale dirigistische System hat versagt und konnte die Probleme nicht lösen. Jetzt geht es darum, in einer Übergangsperiode ein neues System zu entwickeln."

Doch der Nationalitätenstreit hat dem engagierten Regierungschef keine Zeit gelassen. Sein Modell der Geldmittelbeschränkung und der Preiserhöhung hatte nur kurzfristig spektakulären Erfolg. Denn inzwischen sind die alten Inflationsraten und die wirtschaftliche Instabilität wieder erreicht. Ministerpräsident Marković versucht nun, auf dem Verhandlungsweg die zerstrittenen Parteien der Serben und Kroaten wenigstens an den Brennpunkten des Territorialkonfliktes wieder zusammenzubringen.

Doch aktuell richtet sich die Aufmerksamkeit auf einen an sich routinemäßigen Vorgang. Kroatien, das sich eigentlich von Jugoslawien trennen möchte, will für ein Jahr den Vorsitz im Staatspräsidium übernehmen. In der Belgrader Führung sehen es viele als Widerspruch, dass Kroatien trotz seiner Unabhängigkeitsbestrebungen dennoch den amtierenden jugoslawischen Staatspräsidenten stellen soll.

Ein Kroate an der Spitze Jugoslawiens?

Mit Spannung wird in Jugoslawien erwartet, ob sich der routinemäßige Wechsel im Amt des Staatspräsidenten problemlos vollziehen wird. Nach dem Rotationsprinzip soll ab heute der erste Nicht-Kommunist, der Kroate Stipe Mesić, den serbischen Kommunisten Jović ablösen und für ein Jahr den Vorsitz im kollektiven Staatspräsidium übernehmen. Aus Verfassungsgründen kann es dabei zu Schwierigkeiten kommen, weil drei neu benannte Mitglieder des achtköpfigen Präsidiums noch nicht in ihrem Amt bestätigt sind. Für die Wahl zum Vorsitzenden und somit zum amtierenden Staatspräsidenten benötigt Mesić die Stimmen von fünf Mitgliedern, von denen ihm bereits vier sicher sind.

Mesić, selbst früher Mitglied der kommunistischen Partei Kroatiens, hatte sich im sogenannten Kroatischen Frühling 1972 zugunsten einer größeren nationalen Unabhängigkeit engagiert und wurde aus der Partei ausgeschlossen. Mit dem Wahlsieg der bürgerlich-nationalen Kroatischen Demokratischen Union unter Führung des heutigen kroatischen Präsidenten Tudjman stieg Stipe Mesić zum Ministerpräsidenten auf. Im Belgrader Staatspräsidium war Kroatien jedoch noch von dem Altkommunist Stipe Šuvar vertreten. In einer politischen Kraftprobe gelang es Kroatien, seinen kommunistischen Vertreter aus dem Staatspräsidium abzuberufen und durch Stipe Mesić zu ersetzen. Ansonsten würde ab heute ein kroatischer Kommunist nominell jugoslawisches Staatsoberhaupt sein.

Mit der Entsendung von Mesić in das Staatspräsidium war bereits die Vorentscheidung für seine Wahl zum amtierenden

Staatspräsidenten gefallen, die bislang als reine Routine angesehen wurde. Durch die Verschärfung des Nationalitätenkonfliktes gewann jedoch der Amtswechsel von einem Serben zu einem Kroaten zusätzliche Signalwirkung. Denn der Serbe Borisav Jović trat als Staatsoberhaupt für den Erhalt der jugoslawischen Föderation ein, während sein designierter Nachfolger, der Kroate Stipe Mesić, eine Umwandlung Jugoslawiens in einen Staatenbund, also in eine Konföderation, anstrebt.

Im Falle seiner Nichtwahl sieht der Kandidat Mesić eine Verfassungskrise drohen. Nach seinen Worten würde dies zum sofortigen Austritt Kroatiens aus dem jugoslawischen Bundesstaat führen. Die Machtfrage im Land wird damit aber noch nicht entschieden. Denn die Machtverhältnisse selbst können durch einen neuen Mann an der Spitze des kollektiven Staatspräsidiums kaum wesentlich beeinflusst werden. Wäre dem so, dann hätte der bisherige Amtsinhaber, der Serbe Borisav Jović, eine Bestandsgarantie für den von ihm verteidigten jugoslawischen Bundesstaat sein müssen. Doch de facto ist Jugoslawien just unter einer serbischen Präsidentschaft zerbrochen. Was also könnte dem Land noch unter einem jetzt nachfolgenden kroatischen Präsidenten bevorstehen, der erklärtermaßen für die Umwandlung des jugoslawischen Bundesstaates in einen Staatenbund eintritt.

Der Zerfallsprozess ist nicht von der Spitze her aufzuhalten. Das Präsidium hat sich mit seinem nationalen und regionalen Proporz immer wieder blockiert und das Gesetz des Handelns schon mehrfach den Streitkräften überlassen, deren Vorgesetzter das Staatspräsidium laut Verfassung eigentlich sein soll. Diese jugoslawische Verfassung hat nach dem Tod von Josip Broz Tito, der Präsident auf Lebenszeit war, alle seine Nachfolger bereits im Vorhinein entmachtet. Der wesentliche Verfassungsartikel über den Präsidenten des Präsidiums sagt praktisch aus, dass der Präsident über keine alleinigen Vollmachten kraft seines Amtes verfügt. Er bleibt sogar im

Kriegsfall weisungsgebunden. Und seine Rolle als Vorsitzender des Volksverteidigungsrates ist bereits dadurch eingeschränkt, dass die rotierenden Politiker diesen Rat nur jeweils ein Jahr lang leiten, während verantwortliche Spitzenmilitärs in diesem Verteidigungsrat ihren Einfluss dauerhaft geltend machen können.

Was bleibt also übrig von dem sogenannten Machtwechsel an der Spitze des Staates? Es geht vor allem um das politische Signal. Denn der neue Mann polarisiert ganz ohne Zweifel. Stipe Mesić ist der erste Nicht-Kommunist in der Rotationsmaschinerie der Tito-Nachfolger. Das ist ganz sicher mehr als nur eine optische Zäsur für Jugoslawien. Überdies ist der Kroate Mesić ein Repräsentant jenes Volkes, das nach den leidenschaftlichen Auseinandersetzungen der letzten Monate mit den Serben gerade in Belgrad nicht hoch angesehen ist. Deshalb wird Mesić ganz sicher unter einem doppelten Erwartungsdruck sowohl von Seiten Zagrebs als auch von Seiten Belgrads stehen.

Einen wirklichen Hebel, politische Signale in politische Handlung umzusetzen, hat der amtierende Staatspräsident nur, wenn er seinen Spielraum bei der Gestaltung der Tagesordnung nutzt, Gremien zusammenruft und Themen durchsetzt, die strittig sind. Insofern ist die politische Macht auf das diplomatisch Machbare beschränkt. Wenn dem neuen Präsidenten mehr gelingt als nur das Krisenmanagement unter dem Druck der Militärs von oben und dem Druck der widerstreitenden Völker von unten, wenn dem neuen Präsidenten gelingt, über seine eigenen politischen Zielvorstellungen hinaus Dialogfähigkeit zu zeigen, dann kann er dem Bundesstaat oder einem künftigen Staatenbund Jugoslawien einen großen Dienst erweisen.

Eklat im Staatspräsidium

15. Mai 1991

Als das achtköpfige Staatspräsidium um 12:00 Uhr heute Mittag seine Sitzung begann, waren zunächst alle Befürchtungen verflogen. Der Kandidat für das Amt des Staatspräsidenten, der Kroate Stipe Mesić, so wurde kolportiert, werde planmäßig gewählt. Fünf von acht Stimmen seien ihm sicher.

Unplanmäßig verlief dann jedoch das Treffen, das auf eine Dauer von 20 Minuten angesetzt war. Statt der Wahl und einer feierlichen Amtsübergabe ergriff der Präsident der kleinen Teilrepublik Montenegro, Momir Bulatović, das Wort. Er empörte sich darüber, dass vom jugoslawischen Parlament der neue Vertreter Montenegros für das Staatspräsidium noch nicht bestätigt wurde. Er betrachte dies als eine Missachtung von Montenegro, weil die kleinste Teilrepublik bei diesem Amtswechsel den Vizepräsidenten für Jugoslawien stellen soll. Die Situation ist für Außenstehende um so verwirrender, zumal der Präsident Montenegros im Staatspräsidium nur deshalb stimmberechtigt ist, weil der offizielle neue Vertreter seine Republik noch nicht installiert worden ist. Für den Kroaten stimmten schließlich nur vier statt – wie erforderlich – fünf Republiken: Slowenien, Bosnien-Herzegowina, Makedonien und im Namen Kroatiens stimmte Mesić für sich selbst. Serbien und die beiden in Serbien liegenden autonomen Provinzen Vojvodina und Kosovo lehnten den Kroaten Mesić ab. Montenegro enthielt sich aus Protest der Stimme. Damit stand es vier zu drei für den kroatischen Kandidaten. Doch trotz einer nominellen Mehrheit von einer Stimme war er nicht gewählt, weil die Verfassung mindestens fünf Stimmen zur Ernennung vorschreibt.

Ab Mitternacht läuft das zwölfmonatige Mandat von dem bisherigen Staatspräsidenten, dem Serben Jović, ab. Aber auch das Mandat des Vizepräsidenten, das bislang Stipe Mesić innehatte, ist beendet. Bei dem Resultat des ersten Wahlganges wäre Jugoslawien also ohne Präsidenten und ohne Vizepräsidenten gewesen. Eine Situation, die von der Verfassung nicht vorgesehen ist. In dieser Lage hat sich das Staatspräsidium zu einem erweiterten zweiten Wahlgang entschlossen, an der zusätzlich die Präsidenten aller Teilrepubliken sowie die Spitze der jugoslawischen Bundesregierung teilnehmen sollen.

In der Heimat von Stipe Mesić, in der kroatischen Hauptstadt Zagreb, reagierte man auf den ersten, ergebnislosen Wahlgang mit Enttäuschung. Regierungsvertreter wiesen darauf hin, dass sie kein Verständnis für die Geschehnisse in Belgrad aufbringen. Als Grund wird genannt: Die Amtsübergabe sei immer ein rein formaler Akt gewesen, der automatisch hätte vollzogen werden müssen.

Die erweiterte Krisensitzung der jugoslawischen Staats- und Regierungsspitze ist dann zu einem stundenlangen Tauziehen um die Zukunft des Landes geworden. Vor dem zweiten Wahlgang hatte der Kandidat Kroatiens gegenüber der Presse in Belgrad bekräftigt, dass sein Scheitern im zweiten Wahlgang den Anfang vom Ende Jugoslawiens bedeuten werde. Seine heftigen Angriffe gegen die Teilrepublik Serbien wurden vom kroatischen Präsidenten Tudjman in Zagreb wiederholt. Er sagte wörtlich: „Serbien ist dabei, Jugoslawien zu zerschlagen. Heute wird der Öffentlichkeit völlig klarwerden, wer der Urheber bei der Verschärfung der staatspolitischen Krise ist." Nach seinen Angaben wurde in Belgrad als Kompromiss vorgeschlagen, einen zwischenzeitlichen Präsidenten zu wählen, da ab Mitternacht das Staatspräsidium als oberstes Verfassungsorgan führungslos sei.

Der kroatische Präsident zeigte sich im Pressegespräch skeptisch gegenüber der Möglichkeit, dass in Belgrad noch ein Kompromiss gefunden wird. Er betonte, dass auch die Chefs der einzelnen Teilrepubliken versucht hätten, in der Krisensitzung auf die Mitglieder des Staatspräsidiums einzuwirken, um sie von der Bedeutung der Staatspräsidentenwahl zu überzeugen.

Zur Haltung der Armee, deren Spitzenmilitärs ebenfalls an der Krisensitzung in Belgrad teilnehmen, wollte sich der kroatische Präsident nicht äußern. Allerdings – so Tudjman – glaube er nicht an die Möglichkeit eines militärischen Eingreifens. Der kroatische Präsident zitierte den jugoslawischen Regierungschef Marković, der die Pattsituation im Staatspräsidium als politischen Selbstmord bezeichnet habe.

Inzwischen sind der slowenische Präsident Kučan und der slowenische Vertreter im Staatspräsidium Drnovšek ebenfalls mit schweren Beschuldigungen gegenüber Serbien aufgetreten. Im slowenischen Fernsehen machten sie die Teilrepublik Serbien verantwortlich, Hauptschuldiger an der gegenwärtigen Krise zu sein. Was sich in Belgrad mit der Nicht-Wahl von Stipe Mesić zugetragen habe, so der slowenische Präsident Milan Kučan, sei ein verkappter Staatsstreich gewesen. Wenn bis Mitternacht keine Entscheidung getroffen sein soll, wird nach den Worten von Tudjman auch eine für morgen anberaumte Krisensitzung platzen.

Die politische Blockade

15. Mai 1991

Die politische Blockade ist perfekt. Das Staatspräsidium Jugoslawiens hat sich selbst in eine verfassungsrechtliche Sackgasse manövriert. Jedenfalls, wenn man den ersten Teil des Polittheaters in Belgrad betrachtet. Was früher eine routinierte Formalität war, nämlich der jährliche Wechsel im Amt des Staatspräsidenten, wurde bereits im Vorfeld zu einem Spektakel stilisiert, an dessen Verlauf sich das Schicksal des Landes mitentscheiden sollte.

Nicht anders kann man die gewollt undiplomatischen Aussagen des Kroaten Stipe Mesić verstehen, der für den Fall seiner Nichtwahl als drastische Konsequenz angedroht hatte, Kroatien werden in einem solchen Fall sofort den Bundesstaat Jugoslawien verlassen. Doch daraus ist zunächst nichts geworden. Denn der Kroate Mesić sucht letztlich den Konsens, auch wenn ihn andere Motive leiten als den bisherigen Staatspräsidenten, den Serben Jović. Mesić hatte sich zumindest verbal vorgenommen, der letzte Verwalter im Amt des Staatspräsidenten zu sein, bevor sich Jugoslawien auch staatsrechtlich aufzulösen beginnt. Seine Gegenspieler wiederum wollen eine Übereinkunft erzielen, um den Erhalt des Bundesstaates zu verteidigen. Doch ist niemand nach dem missglückten ersten Wahlgang zornig und enttäuscht von dannen geeilt; vielmehr wurde auf erweiterter politischer Plattform nach neuen Lösungen gesucht.

Die Signalwirkung nach außen beschränkt sich bestenfalls auf die Bestätigung des Bildes von Jugoslawien, das in den letzten Monaten immer deutlichere Konturen angenommen hat: Ein Vielvölkerstaat, der sich selbst nicht im Griff hat. Ein explosiver Herd politischer, nationaler und militärischer Unberechenbarkeiten. Die Signalwirkung nach innen ist jedoch viel fataler: Starrhalsige Militärs werden in ihren ultimativen Forderungen bestärkt, mit denen sie vermeintlich zur Macht drängen. Zerstrittene Nationen sehen in dem Abstimmungsverhalten der Präsidiumsmitglieder die vertraute Trennlinie zwischen Freund und Feind.

Die wenigen ideologiefreien und wirklich gesamtjugoslawischen Kräfte, die ihre politische Identität in erster Linie nicht durch die Zugehörigkeit zu einer der vielen Nationen definieren, sehen sich auf gänzlich verlorenem Posten. Ganz zu schweigen von dem verfassungsrechtlichen Blackout, demzufolge das Land zunächst ohne Präsidenten und ohne Vizepräsidenten geblieben wäre. Die Tragik dieser Entwicklung liegt aber in der vermeintlich abgesicherten Gleichbehandlung der Völker Jugoslawiens. Nach dem Tod des allmächtigen Präsidenten Tito sollte sich niemand auf Dauer zur Herrschaft über andere Völker im Land aufschwingen können. Die dadurch angestrebte Stabilität verwandelte sich in ihr Gegenteil. Rotationsprinzip und Proporzdenken wurden zum politischen Kleinkrieg missbraucht. Die kollektive Führung entwickelte sich zum kollektiven Ärgernis, dessen Unvermögen heute auf bedrückende Weise in Belgrad demonstriert wurde.

Die Krise wird vertagt

Widersprüchliche Informationen überstürzen sich. Durch die Abreise des slowenischen und des kroatischen Präsidenten, die beide zunächst an einer erweiterten Krisensitzung in Belgrad teilgenommen hatten, wurde das endgültige Scheitern der Verhandlungen befürchtet. Vor der Presse in Zagreb gab sich der kroatische Präsident Tudjman äußerst pessimistisch. Er sah kaum noch Chancen für einen Kompromiss. Gleichwohl lehnte er es ab, über die Rolle der jugoslawischen Armee zu spekulieren. Eine drohende Machtübernahme durch das Militär hielt er für ausgeschlossen. Der kroatische Präsident Tudjman forderte ultimativ für heute eine Entscheidung zugunsten seines Kandidaten Mesić. Andernfalls wolle Kroatien erste Vorbereitungen für einen Austritt aus Jugoslawien einleiten.

In der nördlichen Nachbarrepublik Slowenien, die sich im kommenden Monat ohnehin von Jugoslawien abspalten will, kritisierte deren Präsident Kučan die Teilrepublik Serbien als den Hauptverantwortlichen an der politischen Blockade im Land und bezeichnete das ablehnende Verhalten Serbiens im jugoslawischen Staatspräsidium als einen „stillen Staatsstreich".

Diese dramatischen Appelle und Vorwürfe überschnitten sich mit anderen Entscheidungen in Belgrad. Denn der vorzeitige Untergang Jugoslawiens ist zunächst für einige Stunden aufgeschoben worden. Nach den teilweise dramatischen Stellungnahmen jugoslawischer Spitzenpolitiker in der vergangenen Nacht hatte der unterlegene kroatische Kandidat für das Amt des Staatspräsidenten mit seiner Erklärung für Beruhigung gesorgt. Nach seinen Worten sind die politischen Uhren im Land vorübergehend angehalten worden, um die schlimmsten Auswirkungen der Verfassungskrise zu verhindern.

Nach zehnstündigen, ergebnislosen Verhandlungen hatte sich das zerstrittene Staatspräsidium in Belgrad darauf geeinigt, die Sitzung am heutigen Donnerstag fortzusetzen. Damit gilt der zweite Wahlgang zur Neubesetzung vom Präsidentenamt lediglich als aufgeschoben und nicht als abgebrochen. Gleichzeitig soll das Bundesparlament den überfälligen Austausch von drei Mitgliedern im Staatspräsidium bestätigen – das sind die Vertreter von Montenegro sowie von den beiden Autononen Provinzen Vojvodina und Kosovo. Das achtköpfige Präsidium, das die Wahl trifft, wird nun mit teilweise neuen Mitgliedern besetzt sein. Dadurch soll die Wahl des Kroaten Mesić zum amtierenden Staatspräsidenten möglich werden.

Was sagt die Verfassung?

17. Mai 1991

„In diesem Land ist überhaupt nicht mehr klar, was verfassungsgemäß ist, und was gegen die Verfassung verstößt", schreibt heute die große kroatische Tageszeitung *Vjesnik* angesichts der verworrenen Lage an der jugoslawischen Staatsspitze. Einerseits hatte Kroatien nämlich Verfassungsklage gegen Serbien eingereicht. Der Grund: die autonome Provinz Kosovo durfte keinen gewählten Vertreter für das Staatspräsidium selbst nominieren. Serbien hatte das Parlament im Kosovo aufgelöst, die autonome Provinz politisch gleichgeschaltet und verfassungswidrig einen Vertreter für das Kosovo selbst eingesetzt. Andererseits hat das gesamtjugoslawische Parlament nun neben anderen auch den von Serbien eingesetzten Kosovo-Vertreter für das Staatspräsidium bestätigt, um doch noch den Weg für die Wahl des Kroaten Stipe Mesić zum Staatsoberhaupt freizumachen.

In erster Empörung hatten die kroatische, slowenische und die Kosovo-Delegation das gesamtjugoslawische Parlament in Belgrad verlassen. Gleichzeitig wird aber nach einem Kompromiss gesucht, um am heutigen Nachmittag die Wahl des neuen Staatspräsidenten durchzuführen.

„Ich betrachte mich als neuer Präsident Jugoslawiens", sagte Stipe Mesić gegenüber Reportern des kroatischen Rundfunks. Mesić bestätigte dem Rundfunk, er habe die Sitzung des Staatspräsidiums in Belgrad unter Protest verlassen, weil er nicht zum Präsident gewählt worden war. Dem Protest des Kroaten Mesić haben sich auch sein slowenischer und sein makedonischer Kollege im Staatspräsidium angeschlossen. Auf die Frage von Reportern, wie er in dieser Situation seine

Amtspflicht als Präsident wahrnehmen wolle, sagte Mesić, das wisse er selbst noch nicht.

In der Zwischenzeit haben hektische Konsultationen zwischen den Mitgliedern des Staatspräsidiums und ihren Regierungen in den jeweiligen Teilrepubliken begonnen. Der ursprünglich angesetzte neue Termin für die Wahl des Staatsoberhauptes in der Nacht auf heute konnte deshalb nicht eingehalten werden.

Die slowenische Tageszeitung *Delo* zitiert in ihrer jüngsten Ausgabe den serbischen Präsidenten Milošević mit der schier unglaublichen Bemerkung, das jugoslawische Staatspräsidium sei für Serbien inzwischen ein illegitimes Organ. In einer scharfen Attacke greift die slowenische Zeitung das „serbische Regime" an, das „schamlos politische Konzessionen ausnutze, um Chaos hervorzurufen, wohingegen das Kompromiss bereite Kroatien bereits zweimal ausgetrickst" worden sei. Gemeint sind damit die zwei ergebnislosen Wahlgänge, durch die der kroatische Kandidat vom Amt des Staatspräsidenten ferngehalten wurde. Der kroatische Kandidat Mesić vertritt hingegen den Standpunkt, er habe einen Rechtsanspruch auf die Übernahme des gesamtjugoslawischen Präsidialamtes.

Kroatien beruft sich auf Artikel 327 der Verfassung Jugoslawiens. Dieser Artikel schreibt für den turnusmäßigen Wechsel an der Staatsspitze eine festgesetzte Reihenfolge vor. Danach liegt das Amt jetzt bei Kroatien. Verfassungskenner weisen jedoch auf einen Widerspruch hin. Denn gleichzeitig fordert derselbe Artikel eine Wahl des Präsidenten und nicht nur dessen routinemäßige Ernennung. An diesem Wahlvorgang war der Kroate Mesić bisher gescheitert.

Zorn und Ratlosigkeit

18. Mai 1991

Eine Mischung aus Zorn und Ratlosigkeit herrscht in Jugoslawien. „Das schwärzeste aller denkbaren Szenarien, wie es sich weder wir noch das Ausland haben vorstellen können", so urteilt die slowenische Zeitung *Večer* in ihrer jüngsten Nummer über das Ausmaß der Verfassungskrise. In scharfen Worten greift die Zeitung die – wie sie schreibt – „serbischen Strategen an, für die ganz offensichtlich eine friedliche und rationale Lösung der jugoslawischen Krise nicht nützlich" sei.

In der Nachbarrepublik Kroatien bekennt ein Sprecher der kroatischen Nachrichtenagentur HINA in Zagreb: „Wir wissen nicht, wie es weitergehen soll. Es gibt keinen politischen Fahrplan mehr, der für ganz Jugoslawien gilt."

Zwei verschiedene Auffassungen stehen nun konkurrierend gegeneinander: Der Kroate Stipe Mesić beansprucht, dass er der neue Präsident Jugoslawiens ist. Verärgert hatte Mesić gestern Abend die Sitzung des Staatspräsidiums in Belgrad verlassen, weil sich wiederum keine Mehrheit in dem achtköpfigen Gremium für seine Kandidatur abzeichnete. Ihm folgten die Vertreter von Slowenien und Makedonien. Der Kroate Mesić beruft sich auf die jugoslawische Verfassung, die eine bestimmte Reihenfolge bei der Übernahme des höchsten Staatsamtes festlegt. Demzufolge wäre jetzt Kroatien an der Reihe. Dieser Automatismus war jahrelang ungefragt eingehalten worden, solange alle Mitglieder des Staatspräsidiums zum Bund der Kommunisten Jugoslawiens gehört hatten. Mesić war als erster Nicht- Kommunist in das Staatspräsidium entsandt worden. Um die Amtsübernahme durch den Kroaten zu verhindern, bemühten seine Gegner eine Neuinterpretation der Verfassung. Die Vertreter Serbiens und der mit Serbien gleichgeschalteten Provinzen Kosovo und Vojvodina sowie Montenegro beharren auf einer Abstimmung, die zu einer Patt-Situation im Staatspräsidium geführt hat. Als Ausweg will Serbien das gesamtjugoslawische Parlament als Vermittler anrufen. Indirekt wird von Serbien und seinen Verbündeten bereits angedeutet, dass man sich mehr an der Person von Mesić störe als an der Tatsache, dass Kroatien den Vorsitz im Staatspräsidium übernähme. Mesić hatte bereits deutlich gemacht, dass er sich als letzter Präsident Jugoslawiens vor dessen Auflösung betrachten werde. Dahinter verbirgt sich der schlichte Machtkampf um die Zukunft des Landes.

Die Verfassungskrise in Jugoslawien hat nun zu einer gegenseitigen Blockade der konkurrierenden politischen Kräfte geführt. Der Kroate Stipe Mesić, der beansprucht, auch ohne mehrheitliche Zustimmung im Staatspräsidium rechtmäßiger Staatspräsident von Jugoslawien zu sein, wird in seiner Haltung nun von Slowenien und auch Makedonien unterstützt. Überraschend deutlich hat sich außerdem auch eine in Bosnien einflussreiche Bewegung für den Kroaten ausgesprochen. „Mesić ist der einzig legitime Vorsitzende des Staatspräsidiums", heißt es in einer Mitteilung der Organisation bosnischer Muslime. In Makedonien haben die Massenmedien sich ebenfalls auf die Seite des Kroaten gestellt. In einem zweiseitigen Porträt des bisherigen Staatspräsidenten Jović und seines turnusmäßigen Nachfolgers Mesić verbreitete eine makedonische Zeitung ein Loblied auf den Kroaten, der ein rationaler Vertreter des Dialoges und der demokratischen Übereinkunft sei.

Besondere Bedeutung hat angesichts dieser Entwicklung das bevorstehende Referendum der Kroaten über die Zukunft ihrer Republik, Es ist kaum daran zu zweifeln, dass sich eine gewaltige Mehrheit für einen unabhängigen kroatischen Staat aussprechen wird.

Referendum in Kroatien

19. Mai 1991

Mit der Schließung der Wahllokale in Kroatien steht für die meisten Teilnehmer des Referendums das Ergebnis bereits fest: Eine Mehrheit zugunsten eines selbständigen kroatischen Staates im Rahmen einer neuen Konföderation gilt als sicher. Vereinzelt konnten bereits am späten Vormittag in kleineren Gemeinden die Wahllokale geschlossen werden, weil bereits alle Wahlberechtigten ihre Stimme abgegeben hatten. In anderen Gemeinden mit serbischer Mehrheit wurden dagegen die Wahllokale teilweise gar nicht erst geöffnet. Einige Gemeinden mit überwiegend serbischer Bevölkerung haben von vorneherein sich geweigert, die Stimmzettel für das Referendum in Empfang zu nehmen.

Die beiden Optionen bei der kroatischen Abstimmung spiegeln die konkurrierenden politischen Modelle für die Zukunft Jugoslawiens wider. Die Wähler konnten sich entweder für einen souveränen kroatischen Staat entscheiden, der laut Stimmzettel „den Serben und allen anderen auf seinem Territorium lebenden Nationalitäten sämtliche Bürgerrechte garantiert und mit anderen Republiken in ein Bündnis souveräner Staaten eintritt". Dies entspricht den Vorstellungen der jetzigen Regierungen von Kroatien, Slowenien und inzwischen auch Makedonien. Die Alternative lautete, ob die Republik Kroatien wie bisher in der jugoslawischen Föderation bleiben soll, im Klartext also: Soll der Jugoslawische Bundesstaat in seiner bisherigen Form weiterbestehen?

Von den insgesamt 4,7 Millionen Einwohnern in Kroatien sind 600.000 Serben, deren drei Siedlungsgebiete jedoch voneinander entfernt liegen. Nur die Serben im Hinterland der kroatischen Küste hatten sich in einem vorherigen Referendum für den Verbleib in Jugoslawien und für den staatsrechtlichen Anschluss an die Teilrepublik Serbien mit der Hauptstadt Belgrad ausgesprochen. Dieses serbische Referendum war von der kroatischen Regierung als illegal abgelehnt worden. Demgegenüber hatte sich gestern in der kroatischen Hauptstadt Zagreb eine gemäßigte Volkspartei der Serben in Kroatien gegründet, die für die Souveränität und die territoriale Integrität der Republik Kroatien eintritt.

Der kroatische Präsident Tudjman gab sich am Ende des Wahltages mehr als siegessicher. Als Endergebnis prophezeite er 70 bis 80 Prozent der Stimmen zugunsten eines selbständigen kroatischen Staates. Stipe Mesić, der mehrfach gescheiterte kroatische Kandidat für das Amt des jugoslawischen Staatspräsidenten, meinte bei seiner Stimmabgabe mit kämpferischem Unterton: „Das Ergebnis des Referendums wird der Welt zeigen, dass der noch existierende jugoslawische Staat niemandem nützt." Bis Mitternacht will die Wahlkommission in Zagreb bereits erste Resultate veröffentlichen. Das amtliche Endergebnis soll in zwei Tagen bekanntgegeben werden.

Inzwischen hat das jugoslawische Innenministerium eine Gruppe Inspektoren nach Kroatien entsandt. Unter Berufung auf einen Beschluss des Staatspräsidiums vom 9. Mai[15] sollen die Inspektoren bei der Demobilisierung der kroatischen Polizeireserven und bei der Entwaffnung der verfeindeten Bevölkerungsgruppen eingesetzt werden. Wie die jugoslawische Nachrichtenagentur Tanjug dazu schreibt, ist der heute beginnende Einsatz dieser Inspektoren mit dem kroatischen Innenminister abgestimmt worden.

---

15 15 Vgl. das Dokument im Anhang S. 232 ff. im Wortlaut und mit deutscher Übersetzung.

Kroaten für die Unabhängigkeit

20. Mai 1991

Nach dem eindeutigen Votum der Bevölkerung Kroatiens für einen unabhängigen Staat konzentriert sich die innenpolitische Auseinandersetzung in Jugoslawien bereits wieder auf den ungelösten Streit um einen neuen Staatspräsidenten. Der Kroate Stipe Mesić, dessen turnusmäßiger Wechsel in das Amt des Staatspräsidenten durch die Vertreter von Serbien und Montenegro verhindert worden war, trat nach dem Abschluss des Referendums in Kroatien mit einer überraschenden Erklärung vor die Presse:

In einem Schreiben will Mesić den Mitgliedern des Staatpräsidiums, dem Ministerpräsidenten und den wichtigsten Ministern der Bundesregierung in Belgrad sowie den ausländischen Botschaftern mitteilen, dass er ab sofort die Geschäfte des Staatspräsidenten ausübt.

Stipe Mesić erteilte allen anderen Zwischenlösungen und Vermittlungsversuchen eine klare Absage. Andere Koordinatoren für die Krise, wie sie von der jugoslawischen Bundesregierung berufen wurden, bezeichnete Mesić in Zagreb als „nicht legal". Noch für Mitte der Woche will Mesić das achtköpfige Staatspräsidium zusammenrufen, von dem jedoch vier Mitglieder den Kroaten Mesić als neuen Präsidenten nicht anerkennen.

Unterdessen bestätigte sich bei der Auszählung der letzten Stimmen die gewaltige Mehrheit, mit der die Bevölkerung Kroatiens gegen einen Verbleib im jugoslawischen Bundesstaat votierte. Bei einer Wahlbeteiligung von 86 Prozent haben sich nach letztem Stand 94,3 Prozent der Bevölkerung für einen souveränen kroatischen Staat entschieden, der sich freilich mit anderen souveränen Staaten zu einer Konföderation zusammenschließen soll.

Bei einem ersten Referendum dieser Art hatten sich in der nördlichen Nachbarrepublik Slowenien 95 Prozent der Bevölkerung ebenfalls für einen souveränen Staat ausgesprochen. Trotz nationaler Spannungen war es bei dem Referendum in Kroatien zu keinen Zusammenstößen gekommen. Vereinzelt wurden zwar in Gebieten, die mehrheitlich von Serben bewohnt sind, Schüsse und Explosionen registriert. Sowohl die Nachrichtenagentur Tanjug in Belgrad als auch die kroatischen Medien berichteten übereinstimmend, dass es keine Verletzten gegeben habe.

Slobodan Milošević

21. Mai 2019

Slobodan Milošević ist eine Zierde für jeden Blumenladen, jeden Supermarkt und für die gute Stube jener serbischen Familien, die mit Milošević die Rückkehr zu einem serbischen Selbstbewusstsein verbinden, das ihrer Ansicht nach Tito zerschlagen wollte. Das Bild von Milošević ist in seiner Heimat Serbien fast überall präsent und hat längst den Tito-Kult früherer Jahre eingeholt und teilweise sogar überholt.

Der 47jährige Milošević trägt es mit der Würde dessen, der glaubt, dass ihm solche Ehren zustehen. Milošević ist der Unterdrücker der Kosovo-Albaner, der großserbische Ansprüche mit einem territorialen Hegemonialdenken verbindet, von dem seine Gegner als Resultat befürchten, Jugoslawien könne in Serbien aufgehen. Letztlich will Milošević alle verstreut liegenden serbischen Siedlungsgebiete in Kroatien und Bosnien-Herzegowina mit Serbien und Montenegro in einem Staat zusammenführen. Die mehrheitlich albanisch bevölkerte Provinz Kosovo soll wieder „serbisiert" werden. Montenegriner sind ohnehin in seinen Augen ohne Ausnahme Serben.

Bei der Begegnung mit Journalisten hört Milošević zwar dem Fragesteller ruhig zu, schafft es aber, seine Antwort in einer Richtung zu drehen, die auch die gestellte Frage in eine von ihm gewünschte Richtung uminterpretiert. Gleichzeitig unterstellt er dem ausländischen Journalisten gerne, dass dieser auch nur politischer Auftragsempfänger seiner Regierung sei – und reflektiert damit ein Medienverständnis aus seinem eigenen Herrschaftsbereich.

Da gibt es aber noch den anderen Milošević, den emanzipierten Vater, dessen Hausärztin noch heute schwärmt, dass er seine Kinder in Situationen betreut hat, die man auf dem

Balkan selbstredend als Frauensache ansieht. Es gibt den sympathischen und den garstigen Milošević, man ist vermutet zu glauben, es gibt den inneren und den äußeren Menschen, der mit sich zuweilen im Konflikt liegt. Dabei kommt es zu den widersprüchlichsten Konstellationen.

Der Hardliner trifft Geheimabsprachen mit seinem Widersacher, dem kroatischen Präsidenten Tudjman. Dagegen meidet der Serbe Milošević wiederum jede Berührung mit dem Oppositionsführer Drašković, dessen grobschlächtiger Nationalismus selbst dem national-gesonnenen Präsidenten Serbiens zu weit geht.

Milošević stehe unter dem ideologischen Einfluss seiner Frau, so lautet eine These politischer Beobachter in Belgrad. Für die Glaubwürdigkeit dieser Behauptung wird angeführt, dass seine Gattin nicht nur Marxismus an der Universität in Belgrad lehrt, sondern auch Aktivistin einer kommunistischen Parteineugründung dogmatischer Richtung ist. Auch das Gegenteil wird behauptet. Beide hätten sich getrennt, so kolportieren wiederum die Gesellschaftsspalten der Belgrader Blätter. In diesen Medien wird Milošević „rein gewaschen" mit dem Tenor, er sei kein kommunistischer Dogmatiker und auch kein Titoist mehr. Vielmehr sehen seine Anhänger in Milošević nur einen „einfachen" Serben-Führer, der zugunsten seiner Republik und seiner Nation im Hintergrund die Fäden zieht, damit die serbischen Interessen im politischen Erosionsprozess des jugoslawischen Staates nicht untergehen.

Franjo Tudjman

21. Mai 1991

Franjo Tudjman wirkt weder wie ein General – der er war, noch wie ein Präsident – der er heute ist. Wer dem ersten Mann Kroatiens im Gespräch gegenübersitzt, kann eines nicht vermeiden: Das Gefühl der Improvisation.

Tudjman wirkt wie jemand, der gar nicht damit gerechnet hat, in seinem Leben zum Präsidenten einer Republik aufzusteigen, in deren Gefängnissen er als gestürzter Partisanengeneral und politischer Abweichler gesessen hatte. Seine politische Argumentation ist dann durchkonstruiert, wenn er einen Vortrag hält. In der spontanen Antwort dagegen lässt sich Tudjman die Freiheit, Überlegungen ausreifen und seine Meinungen hinterfragen zu lassen.

Bei Tudjman lassen sich zwei unterschiedliche Charakterzüge feststellen: der zivile Politiker im Straßenanzug, der sich um den Dialog mit dem Besucher redlich bemüht. Und der Präsident, der im nächsten Moment in weißer Paradeuniform wie eine Kopie von Marschall Tito den jubelnden Applaus der Massen hoheitsvoll entgegennimmt.

Tudjman, der mit dem Etikett des national-kroatischen Selbstbewusstseins seine gewaltigen Siege bei der ersten freien Wahl und bei dem jüngsten Referendum um Kroatiens Zukunft eingefahren hat, leistet sich bei kritischen Nachfragen im Gespräch Anzeichen einer Unsicherheit, die er mit manch gewagten Behauptungen beiseite zu schieben versucht. Dabei überrascht er seinen Gesprächspartner mit einem Demokratieverständnis, demzufolge nationale Minderheiteninteressen den Mehrheitsinteressen der „herrschenden Nation untergeordnet werden müssen".

Dies ist ein tiefgreifendes Missverständnis von Demokratie, dass sich bei der politischen Wende in anderen Staaten Ost- und Südosteuropas wiederholt gezeigt hat.

Ein anderer schwieriger Punkt bei seinen Auftritten sind unklar formulierte Äußerungen im Wahlkampf über Juden und Serben. Sie legen den Schluss nahe, dass er mit beiden Probleme hat.

Brüche begleiten seine Biographie. Als Mitglied im jugoslawischen Generalstab gehörte Tudjman zur Führungsspitze jener Armee in Europa, die am intensivsten als „ideologisch trainiert" galt. Nicht so sehr im Sinn des Kommunismus, sondern vor allem im Sinn eines Jugoslawismus. Deshalb ist auch der größte Dissens im Leben des heutigen kroatischen Präsidenten nicht der Bruch mit der kommunistischen Ideologie, sondern der Bruch mit dem Staatskonzept von Tito.

Mit seinem Engagement für die Nationalitätenfrage im Sinne des Selbstbestimmungsrechtes wurde Tudjman 1967 aus dem Bund der Kommunisten ausgeschlossen und in verschiedenen Verfahren zu insgesamt fünf Jahren Gefängnis verurteilt. In dieser Zeit hatte Tudjman bereits seine Militärkarriere gegen die Universitätslaufbahn als Historiker eingetauscht und begann als intellektueller Motor einer Bewegung zu wirken, die später in Kroatien zur größten national-konservativen Partei aufstieg und ihm das Amt des Präsidenten einbrachte.

Militärische Kraftprobe in Slowenien

23. Mai 1991

Eine Kraftprobe zwischen der jugoslawischen Armee und der slowenischen Territorialverteidigung in der nördlichsten Teilrepublik Jugoslawiens illustriert die Spannung, die kurz vor der slowenischen Unabhängigkeitserklärung im Land herrscht. Im kommenden Monat will sich Slowenien von Jugoslawien trennen. Zuvor hatte die Teilrepublik die Kommandogewalt für die Territorialverteidigung übernommen, die bislang Teil der jugoslawischen Landesverteidigung war. Slowenische Soldaten brauchen seither nicht mehr ihren Wehrdienst in der jugoslawischen Armee ableisten. Stattdessen werden sie in die slowenische Territorialverteidigung integriert. Dies wird jedoch von der jugoslawischen Armeeführung nicht anerkannt. Heute war die letzte von der Armee gesetzte Frist abgelaufen, damit die slowenischen Rekruten doch noch in den regulären Armeedienst zurückkehren könnten. Dieser Tag war deshalb mit einer gewissen Spannung erwartet worden.

Als ein Leutnant und ein Soldat der jugoslawischen Armee nahe einer Anlage der slowenischen Territorialverteidigung unweit von Maribor gesichtet wurden, reagierten die Slowenen äußerst empfindlich und nahmen die beiden Angehörigen der Armee kurzzeitig fest. Sie wurden entwaffnet, verhört und nach 45 Minuten wieder entlassen. Nach Darstellung der Armee befanden sich die beiden auf einem sogenannten Orientierungsmarsch.

Als Gegenmaßnahme ließ die jugoslawische Armee die Muskeln spielen und postierte acht Panzerwagen und 150 Soldaten rund um das Gebäude der slowenischen Territorialverteidigung. Der slowenische Ministerpräsident Peterle sprach von einer „unnötigen Provokation seitens der jugoslawischen

Armee". Der slowenische Verteidigungsminister Janez Janša äußerte sich wesentlich schärfer. Er vermutete, dass die Armee eine Teilokkupation Sloweniens anstrebe. Seinerseits ordnete er daher eine Teilmobilisierung der slowenischen Territorialverteidigung an.

Die slowenische Bevölkerung blockierte am späten Abend immer noch Einrichtungen der Jugoslawischen Armee, um den Einsatz von Panzern zu verhindern. Wie aus Belgrad zu erfahren war, versucht der Kommandant von Maribor in Abstimmung mit dem zuständigen Oberkommando in Zagreb und der Zentrale in der jugoslawischen Hauptstadt Belgrad Instruktionen für das weitere Verhalten der jugoslawischen Armee zu bekommen.

Die Armee gibt nach

24. Mai 1991

Im Laufe des Vormittags hat die jugoslawische Armee ihre Soldaten und Panzerfahrzeuge zurückgezogen, mit denen das Zentrum der slowenischen Territorialverteidigung in Pekre südwestlich von Maribor eingeschlossen worden war. Dies bestätigte die Pressestelle der slowenischen Regierung. Allerdings war der Kommandant der slowenischen Territorialverteidigung für den ost-steirischen Abschnitt der Teilrepublik noch im Gewahrsam der Armee. Zusammen mit drei weiteren Angehörigen der Territorialverteidigung war deren Kommandant Vladimir Milošević von Kräften der jugoslawischen Armee während einer Besprechung festgenommen worden. Er wurde zusammen mit weiteren Sicherheitskräften der slowenischen Territorialverteidigung von der Armee entwaffnet.

Die politische Führung von Maribor verurteilte den Übergriff der Armee als schwerste Verletzung der ethischen und rechtlichen Normen einer zivilisierten Gesellschaft. Die Landesregierung von Maribor appellierte an die Führung der Republik Slowenien, der jugoslawischen Armee Einhalt zu gebieten. Ein Sprecher der slowenischen Regierung drückte zwar ebenfalls seinen Protest gegen die Armee-Aktion aus. Gleichzeitig warnte er jedoch davor, diesen – wie er sagte – provokativen Akt zu überbewerten. Die Lage sowohl in der slowenischen Hauptstadt Ljubljana als auch in Maribor bezeichnete der Regierungssprecher auf telefonische Anfrage als ruhig bis gelassen.

Die Armee hatte gestern ein Gebäude der slowenischen Territorialverteidigung umstellt, nachdem ein Armee-Leutnant und ein Soldat von slowenischen Sicherheitskräften kurzzeitig festgenommen worden waren. Die Slowenen befürchteten, die Armee wolle nach slowenischen Rekruten forschen, die sich weigerten, im regulären Militär zu dienen.

Einer Stellungnahme der Armee war zu entnehmen, dass sich die Streitkräfte bei ihrem Einsatz gegen die slowenische Territorialverteidigung auf den Beschluss des jugoslawischen Staatspräsidiums vom 9. Mai[16] berufen. In diesem Beschluss war die Armee beauftragt worden, Zivilisten im Land zu entwaffnen, um nationale Zusammenstöße zu vermeiden. Dieser Beschluss bezog sich jedoch ausgesprochen auf die Lage in Kroatien, wo es zu blutigen Zusammenstößen zwischen Kroaten und der dort lebenden serbischen Minderheit gekommen war.

---

[16] [16] Vgl. das Dokument im Anhang S. 232 ff. im Wortlaut und mit deutscher Übersetzung.

Ultimative Zuspitzung in Kroatien

30. Mai 1991

In einem Monat, am 30. Juni, will Kroatien seine volle staatliche Unabhängigkeit und Souveränität verkünden. Die Nachbarrepublik Slowenien plant diesen Schritt für den 26. Juni 1991. Allerdings ist der heutige Beschluss des kroatischen Parlaments in Zagreb, an eine Vorbedingung geknüpft. Kroatien räumt einer gesamtjugoslawischen Lösung noch eine Zwei-Wochen-Frist ein. Bis 15. Juni sollen sich alle Republiken über die Umwandlung Jugoslawiens von einem Bundesstaat in einen Staatenbund einigen. Anderenfalls löst sich Kroatien völlig von Jugoslawien. Damit wird der Zeitplan eingehalten, den die neue kroatische Verfassung vom Dezember vergangenen Jahres festgelegt hat.

Kroatien hatte – wie auch Slowenien – nach dem Verlust des kommunistischen Machtmonopols die Entwicklung Richtung Unabhängigkeit eingeschlagen. Slowenien ist ein territorial und national relativ kompaktes Gebiet. Kroatien dagegen hat eine große serbische Minderheit und ist territorial wie ein Bumerang aufgeteilt. Als Reaktion auf einen möglichen kroatischen Alleingang hat der serbische Präsident Milošević angedroht, dass Kroatien mit Gebietsverlusten rechnen müsse, da die innerjugoslawischen Grenzen künstlich gezogen seien. Die

Serben in Kroatien beanspruchen, mit den von ihnen bewohnten Regionen weiterhin im Bestand von Rest-Jugoslawien zu verbleiben.

Der Tonfall, den die Präsidenten von Kroatien und Serbien in ihren politischen Attacken gegeneinander anschlagen, zeugt von einer zumindest verbalen Eskalierung des Konflikts. Der kroatische Präsident Tudjman, der den Unabhängigkeitsbeschluss Kroatiens heute im Parlament eingebracht hat, warf der serbischen Minderheit im Kroatien vor, sie seien „terroristische Abtrünnige" und ließen sich von Serbien aufhetzen. Tudjman kündigte an, dass die Kroaten bereit und in der Lage wären, ihre territoriale Integrität zu verteidigen. Erst in dieser Woche hatte Kroatien seine Nationalgarde bei einem spektakulären Festakt in Zagreb der Öffentlichkeit vorgestellt.

6. Juni 1991 Krisengipfel der Präsidenten aller sechs Teilrepubliken in Sarajewo.

Aussichten auf eine Lösung?

7. Juni 1991

In Jugoslawien deutet sich eine politische Entspannung an. Noch in der Nacht hatte der kroatische Präsident Tudjman nach seiner Rückkehr von einem Krisengipfel in Sarajewo erklärt, es gäbe gute Aussichten auf eine Lösung. „Wir sind zufrieden", sagte der kroatische Präsident wörtlich nach seiner Rückkehr auf einer nächtlichen Pressekonferenz in Zagreb. Es war nach seinen Worten das kürzeste und das inhaltsreichste Gipfeltreffen der jugoslawischen Republikpräsidenten. Die Interessen aller Beteiligten könnten zufriedengestellt werden. Der kroatische Präsident legte dabei großen Wert darauf, dass erstmals im Verlauf dieser Krisentreffen alle Vertreter der sechs Teilrepubliken gemeinsam Beschlüsse gefasst hätten.

Der kroatische Präsident Tudjman sieht in dem Kompromiss von Sarajewo eine Überlebenschance für ein umgewandeltes Jugoslawien. Kroatien hatte gedroht, dass es sich Ende Juni für unabhängig erklären wolle, falls kein Kompromiss für eine staatliche Neuordnung in Sicht sei. Für Kroatien ist besonders wichtig, dass die Blockade des kroatischen Kandidaten Mesić für den Vorsitz des jugoslawischen Staatspräsidiums aufgehoben wird. Keiner der Republikpräsidenten – auch nicht der serbische Vertreter Milošević – soll sich auf dem Krisengipfel gegen die Wahl des Kroaten zum Staatspräsidenten ausgesprochen haben.

Der kroatische Präsident Tudjman sprach von einem Wandel im positiven Sinn. Seiner Meinung nach seien auch Bestandteile eines früheren slowenisch-kroatischen Vorschlags über die Umwandlung Jugoslawiens in eine Konföderation

übernommen worden. Auf der Grundlage eines Kompromissvorschlages von Sarajewo soll der Übergang Jugoslawiens in
einen Staatenbund vorbereitet werden, der jedoch auch föderale Elemente enthalte.

Die Präsidenten von Bosnien-Herzegowina und Makedonien hatten diesen Vorschlag unterbreitet, der gewissermaßen
einen dritten Weg aus der Krise anbietet. Demnach soll ein
Bund der jugoslawischen Staaten das rechtliche Dach bilden
für einen gemeinsamen Markt nach dem Vorbild der Europäischen Gemeinschaft unter Beibehaltung einer gemeinsamen
Währung. Aber auch Staatspräsident und Parlament sollen
eben so wie eine Bundesarmee als gesamtjugoslawische Einrichtung erhalten bleiben. Dies schließe jedoch nicht aus, dass
die Republiken nationale Armeeverbände aufstellen. In der Innen- und Außenpolitik sieht der Kompromiss die Unabhängigkeit aller Republiken vor. Konkret würden dann sechs jugoslawische Republiken ihren Beitritt zu den Vereinten Nationen (UNO) beantragen und im Ausland mit sechs verschiedenen Botschaften vertreten sein.

Zurückhaltender äußerte sich der makedonische Präsident
Kiro Gligorow nach seiner Rückkehr in Skopje. Man solle
nicht die Illusion nähren, dass jetzt alles gelöst sei, meinte der
Mitinitiator einer möglichen Krisenlösung.

Bereits nächste Woche wollen sich die Präsidenten von
Serbien, Kroatien und Bosnien-Herzegowina zu Gesprächen
über die nationale Frage treffen. Gerade zwischen den Serben
und Kroaten, die teilweise als jeweilige Minderheiten in diesen
Republiken leben, war es in letzter Zeit zu Spannungen gekommen. Das Staatspräsidium wurde von den Präsidenten der
Teilrepubliken aufgefordert, unverzüglich seine Arbeit fortzusetzen und die Blockade zu lösen, die durch die Nichtwahl des
Kroaten Mesić zum amtierenden Staatspräsidenten entstanden war.

Der slowenische Präsiden Kučan, dessen Teilrepublik sich darauf festgelegt hat, bis spätesten zum 26. Juni ihre Unabhängigkeit zu erklären, wird von der jugoslawischen Nachrichtenagentur Tanjug mit einer sehr zurückhaltenden Stellungnahme zitiert. Es gehe erst um die Suche nach einem Kompromiss, so sagte Kučan ebenfalls nach seiner Rückkehr in seine Heimatrepublik. Allerdings räumte er ein, das vorgelegte Material enthalte Ausgangspunkte, durch die den Teilrepubliken ermöglicht werde, sich in die Lage von souveränen Staaten zu versetzen.

Ein Sprecher der slowenischen Regierung interpretierte auf Anfrage, dass nun ein Kompromiss in Sicht sei, der auch Slowenien einen Verbleib als souveränen Staat in der Gemeinschaft mit den anderen Republiken ermögliche. Wenn die Kroaten und Serben es – wie jetzt vereinbart – schaffen sollten, gemeinsam mit Bosnien-Herzegowina ihre nationalen Streitfragen zu klären, so der slowenische Sprecher, dann bestehe für Slowenien kein Druck mehr, das Referendum über eine Loslösung von Jugoslawien zu realisieren.

Jugoslawien erwartet US-Außenminister

19. Juni 1991

Vor dem Besuch von US-Außenminister James Baker in Belgrad entwickelt Jugoslawien staatspolitische Betriebsamkeit. Während das kroatische Parlament in einer mehrtägigen Dauersitzung alle notwendigen Gesetze für die bevorstehende Unabhängigkeit verabschieden will, trafen sich die Präsidenten von Kroatien, Serbien sowie Bosnien-Montenegro nun zum zweiten Mal, um die nationalen Spannungen zwischen Serben und Kroaten abzubauen.

Überraschend ist für den morgigen Donnerstag auch eine Sitzung des Staatspräsidiums angesetzt worden, zu dem die Vertreter aller Republiken nach Belgrad kommen wollen. In diesem Zusammenhang wird nicht ausgeschlossen, dass nun endlich im Staatspräsidium ein neuer Vorsitzender und damit ein amtierendes Staatsoberhaupt gewählt werden könnte. Als Kandidat dafür gilt weiterhin der Kroate Stipe Mesić. Fast zeitgleich wird der amerikanische Außenminister Baker in Belgrad mit den Präsidenten aller Teilrepubliken zusammentreffen. Doch auch der Besuch des US-Außenministers kann den Zerfallsprozess des jugoslawischen Bundesstaates nicht aufhalten. Kroatien und Slowenien sind entschlossen, in Kürze ihre Unabhängigkeit zu verkünden. Diesem Schritt will sich die südöstliche Teilrepublik Makedonien anschließen. Allerdings räumte der slowenische Präsident Kučan in einem Gespräch mit einer österreichischen Zeitung ein, dass Slowenien sich auf einen langen Kampf für die internationale Anerkennung einer Unabhängigkeit einstellen müsse.

Derweil berichtete die Zagreber Abendzeitung *Večernij list*, dass die Gründung einer Konföderation ohne Serbien und Montenegro von den vier übrigen Republiken konkret vorbereitet werde. In wenigen Tagen, so behauptet das Blatt, wollten Slowenien, Kroatien, Bosnien-Herzegowina sowie das territorial davon getrennte Makedonien einen "Bund der souveränen Staaten" vertraglich vereinbaren.

Das Problem liegt jedoch darin, dass ein solcher Bund territorial durch einen sogenannten Korridor zerteilt wäre, den die Teilrepubliken Serbien und Montenegro bilden. Es ist zu erwarten, dass der amerikanische Außenminister weitere Unterstützung für Jugoslawien daher von dem territorialen Zusammenschluss einer gemeinsamen Konföderation oder von dem Erhalt des jetzigen Bundesstaates abhängig machen wird.

> **21. Juni 1991** Die USA wollen Jugoslawien als einheitlichen Bundesstaat erhalten.
>
> **24. Juni 1991** Die Europäische Gemeinschaft (EG) genehmigt einen Kredit in Höhe von 1,5 Mrd. DM, um Jugoslawien als Bundesstaat zu stützen.
>
> Die 12 EG-Außenminister unterstützen ausdrücklich nicht die Unabhängigkeitsbestrebungen von Slowenien und Kroatien.

USA will Jugoslawien erhalten

21. Juni 1991

Der amerikanische Außenminister James Baker hat seinen Besuch in Belgrad mit einem deutlichen Engagement für den Erhalt des gesamtjugoslawischen Staates verbunden. Nach ersten Gesprächen mit Außenminister Budimir Lončar und Ministerpräsident Ante Marković bezeichnete Baker den Erhalt der Einheit Jugoslawiens besonders wichtig, weil – so Baker wörtlich – „wir dies als den besten Weg betrachten, um die Einhaltung der Menschenrechte zu gewährleisten und um für Jugoslawien Wirtschaftshilfe durch die internationale Gemeinschaft sicherzustellen". Nach seinen Worten liegt die Bewahrung der staatlichen Einheit Jugoslawiens daher besonders im Interesse der USA.

In diesem Zusammenhang reagierte Baker negativ auf die Frage, ob die USA ein unabhängiges Slowenien anerkennen werden. Allerdings ergänzte der amerikanische Außenminister ausweichend: Die amerikanische Administration sei gegen einseitige Aktionen, es sei denn, sie würden durch Dialog, Verhandlungen und Konsens zustande kommen.

„Wir sind mit unserem Standpunkt nicht allein", sagte Baker und berief sich auf die Außenminister der jugoslawischen Anrainerstaaten. Sie hätten sich auf dem KSZE-Treffen in

Berlin ebenfalls gegen einseitige Schritte ausgesprochen, mit denen die Möglichkeit einer friedlichen Beilegung der Krise zerstört würde. Der amerikanische Außenminister Baker sieht deshalb in Jugoslawien noch Möglichkeiten für einen Dialog.

In Überschätzung des wirklichen politischen Handlungsspielraums hofft der amerikanische Außenminister, dass die jugoslawische Bundesregierung und die Regierungen der Teilrepubliken die Gelegenheit zu weiteren Verhandlungen noch nicht ausgeschöpft hätten. In Wirklichkeit ist die Bundesregierung allein schon dadurch gelähmt, dass die meisten Republiken keine Gelder zur Finanzierung des Gesamtstaates abführen. Darüber hinaus haben sich Slowenien und Kroatien entschieden, in Kürze ihre Unabhängigkeit zu erklären. Von slowenischer Regierungsseite wurde bestätigt, dass die Unabhängigkeitserklärung – wie geplant – am Mittwoch kommender Woche, also am 26. Juni 1991, erfolgen soll. Kroatien will sich damit noch drei Monate Zeit lassen.

25. Juni 1991 Einen Tag eher als geplant verkünden Slowenien und (drei Monate eher als geplant) auch Kroatien ihre Unabhängigkeit.

Der jugoslawische Ministerpräsident Marković erklärt diesen Schritt für ungültig.

Bundespolizei und Armee erhalten den Befehl, die jugoslawischen Staatsgrenzen gegen eine Übernahme durch slowenische Verbände zu schützen.

In Kroatien kommt es in den Siedlungsgebieten der serbischen Minderheit zu Kämpfen mit Toten und Verletzten.

Jubel in Slowenien

25. Juni 1991

Mit Hochrufen auf den freien slowenischen Staat feierten die Abgeordneten im Parlament von Ljubljana die Grundsatzreden von Präsident Milan Kučan und Regierungschef Lojze Peterle, mit denen die historische Sitzung über die Unabhängigkeitserklärung des Landes eingeleitet worden war – parallel zur Nachbarrepublik Kroatien. Gleichwohl entwickelte sich noch eine intensive Debatte über flankierende Gesetzesmaßnahmen, die diesen Schritt begleiten sollen.

Slowenien wird zwar seine Abgeordneten aus dem Bundesparlament in Belgrad abberufen. Doch die slowenischen Mitglieder der jugoslawischen Bundesregierung bleiben in ihren Ämtern, darunter auch der stellvertretende Ministerpräsident Jugoslawiens Živko Pregelj, der für die Wirtschaftsreformen verantwortlich ist.

Mit diesem letzten Bindeglied zur Bundesregierung will Slowenien eine geordnete Abwicklung in seinen Beziehungen zu den jugoslawischen Staatseinrichtungen sicherstellen. Zu weiteren Verhandlungen mit den übrigen jugoslawischen Teilrepubliken hat das slowenische Parlament eine Kommission bestellt, der Vertreter aller Parteien angehören. In den letzten Ansprachen vor der Unabhängigkeitserklärung wurde erneut klar, dass Slowenien letztlich einen Zusammenschluss mit den übrigen jugoslawischen Republiken im Rahmen einer Konföderation anstrebt.

In der slowenischen Bevölkerung wurde diese entscheidende Parlamentssitzung mit Aufmerksamkeit, aber ohne sonderliche Aufregung verfolgt. Ministerpräsident Peterle hatte bereits angekündigt, dass nach der Unabhängigkeitserklärung keine sofortigen Veränderungen für die Bewohner Sloweniens zu erwarten sind.

Niemand glaubt an Krieg

26. Juni 1991

Es sind keine Erfolgsmeldungen, die der slowenische Rundfunk seinen Hörern am Tag nach der Unabhängigkeitserklärung mitzuteilen hat. Aus Washington kommen negative Signale. Großbritannien fordert zum innerjugoslawischen Dialog auf, um die Krise zu meistern; eine Krise, von der die Slowenen glauben, sie werde gerade durch Ausrufung eines eigenen Staates bewältigt.

An einen militärischen Waffengang mag niemand glauben. Der slowenische Außenminister Dimitrij Rupel beruhigt in immer neuen Interviews die zahlreichen Journalisten, dass die Armee nicht eingreifen werde. Provokationen – allerdings in Kroatien – hält der slowenische Außenminister jedoch für möglich.

Drohgebärden aus Belgrad werden kaum ernst genommen. Zuweilen äußern sich Passanten auf der Straße besorgt. Aber Euphorie wie auch Aufregung fehlen an diesem historischen Tag völlig. Nicht einmal die neuen Fahnen und Wappen konnten gehisst werden, weil sich das Parlament sozusagen in letzter Minute erst auf die künftigen Staatssymbole geeinigt hat.

Während das öffentliche Leben in Ljubljana nahezu unberührt vom politischen Umbruch weitergeht, suchen Dutzende von Korrespondenten aus Japan, den USA und Europa nach ersten Anzeichen eines möglichen Konfliktes.

Aus der Nähe von Morska Sobota im Grenzgebiet zwischen Ungarn und Österreich im Nordosten Sloweniens wird bereits ein Gerangel zwischen Armee und slowenischen Grenzposten kolportiert, das jedoch am Verhandlungstisch stattfindet. Slowenien soll gehindert werden, seine Staatssymbole aufzustellen und die Grenzkontrollen zu übernehmen. Zu wenig Stoff für eine reißerische Reportage über einen angeblich aufflammenden Konfliktherd.

Die größte Tageszeitung *Delo* hat als Besonderheit eine feierliche Extraausgabe gedruckt. Die Landkarte Europas ist darin um einen neuen Staat Slowenien bereichert. Die Tatsache, dass auch die kroatischen Nachbarn ihre Souveränität beanspruchen und der slowenischen Unabhängigkeitserklärung um fast zwei Stunden zuvorgekommen sind, ist in dieser neuen Landkarte noch nicht berücksichtigt.

Witzige Geister haben sich einen besonderen Gag ausgedacht. Eine Weltkarte mit dem überdimensionalen Zentrum Slowenien. Amerika und die Sowjetunion rutschen bis zur Bedeutungslosigkeit an die Peripherie der slowenischen Weltkarte. Und das „ungeliebte" Belgrad liegt bereits weit ab im Einzugsgebiet zwischen Kiew und Bukarest.

Erste Drohungen der Armee

27. Juni 1991

Slowenien hat die lange Nacht der Freudenfeiern ohne politische Turbulenzen überstanden. Mit enormer Gelassenheit reagierten die Hauptstadtbewohner von Ljubljana auf Provokationen der jugoslawischen Luftwaffe. Bis kurz vor Beginn der Unabhängigkeitsfeiern im Zentrum der slowenischen Hauptstadt hatten Jagdflugzeuge der jugoslawischen Armee dreimal hintereinander drohend und in immer niedrigerer Höhe die Ansammlung von zehntausenden Slowenen auf dem Platz vor dem Parlament überflogen. Einige grelle Pfiffe der Empörung, wegwerfende Handbewegungen, aber keine Panik – so reagierten die Slowenen auf den Vorfall.

Die Tatsache, dass Panzer der jugoslawischen Armee im Grenzgebiet zu Italien die vorübergehende Kontrolle übernehmen wollen, sorgte ebenfalls für keine besondere Beunruhigung. Dagegen werden die nationalen Spannungen zwischen Kroaten und Serben in der nun ebenfalls unabhängigen Nachbarrepublik Kroatien mit Bestürzung verfolgt.

In der Nacht der slowenischen Unabhängigkeitsfeiern verdrängten jedoch Blaskapellen und Jazzbands im Zentrum von Ljubljana mögliche Sorgen um die Zukunft. Die eher zurückhaltenden Slowenen gaben sich kurzfristig sogar einer ungewohnten Jubelstimmung hin, als die neue Staatsfahne unter den Klängen der Nationalhymne gehisst wurde. Republikpräsident Milan Kučan hatte zuvor die Unabhängigkeit Sloweniens in einer kurzen Ansprache gewürdigt. Unter den zahlreichen Gästen waren jedoch keine Abgesandten der europäischen Gemeinschaft.

Das Nachbarland Österreich wurde vom Wiener Bürgermeister Helmut Zilk sowie dem Landeshauptmann Christof

Zernatto aus Kärnten vertreten, der nur Stunden zuvor seinen umstrittenen Vorgänger Jörg Haider abgelöst hatte.

Für den Tag nach den Unabhängigkeitsfeiern plant Slowenien noch eine Demonstration staatlicher Souveränität für die ausländischen Gäste. Die Grenzposten zu Kroatien hin sollen ihren Dienst demonstrativ vor den Kamerateams ausländischer Korrespondenten praktizieren. Zunächst hatte es geheißen, die slowenischen Grenzposten würden ihre Aktivität auf bloße demonstrative Anwesenheit beschränken. Reisende aus Kroatien berichten jedoch, dass die Slowenen auf der bislang innerjugoslawischen Strecke bereits begonnen haben, vereinzelt Fahrzeuge an der neuen slowenischen Staatsgrenze anzuhalten und zu kontrollieren.

Der Krieg beginnt

27. Juni 1991

Die gelassene Stimmung der slowenischen Bevölkerung hat einen schweren Schock erlitten. Die Panzer der jugoslawischen Armee haben ein Kontrastprogramm zu den Jubelfeiern der slowenischen Unabhängigkeit inszeniert. Lokaltermin an der innerjugoslawischen Front: Raupenfahrzeuge, Sattelschlepper, Transportlaster und zahllose Privatwagen bilden einen Schutzring um die slowenische Hauptstadt. Breite Panzerspuren haben sich in den Asphalt der Autobahn eingegraben, die zum Flughafen führt. Die Panzer umgingen eine der Autobahnblockaden und durchbrachen die LKW-Blockade auf einer Seitenstraße.

„Ohne Vorwarnung hat man uns überrollt", sagt ein empörter Fahrer, der gottlob unverletzt blieb. In der malerischen Vorgebirgslandschaft liegen die Lastwagen wie hilflose Käfer auf der Seite. Öl- und Benzingeruch breiten sich aus. Die Seitenplanken der Straßenbefestigungen sind aufgeschlitzt. Die Autos von Panzern zermalmt. Die Führerhäuser der LKW wie Streichholzschachteln zerdrückt.

Vergeblich versuchten die Slowenen, ihren Flughafen zu schützen. Mindestens zwei Dutzend Panzer haben sich gewaltsam ihren Weg gebannt. Slavko, Mitglied einer slowenischen Polizeikontrolle, ist in 24-stündiger Alarmbereitschaft.

Aber auch er konnte nicht verhindern, dass Kampfjets der jugoslawischen Armee einen ersten Angriff auf den Flughafen geflogen haben. „Gegen sieben Uhr früh wurden wir von den Panzern überrollt", meint er in fassungslosem Schock. „Wir können nichts tun, nicht einmal uns selbst schützen", fügt er resigniert hinzu.

Ein aufgebrachter Mann stürzt heran, nimmt sich mein Mikrofon und spricht mit erregter Stimme hinein: „Wir Slowenen haben immer alles für Jugoslawien gegeben. Und jetzt will man uns nicht einmal unsere Freiheit zurückgeben!"

Hubschrauber der jugoslawischen Armee kreisen kontrollierend über dem Krisengebiet. Mit etwas dreistem Mut wage ich mich an einen Panzersoldaten der vordersten Front. Doch auf Fragen kommt keine Antwort. Nur Nicken. Ob ihnen verboten sei, mit Journalisten zu sprechen, frage ich. Er nickt nur. Dann ein Befehl von hinten. Der neugierige Journalist muss sich zurückziehen. Ich werde hinter eine unsichtbare Grenzmarke geschickt, etwa fünfzig Meter von den Panzern entfernt. Ein junger Bursche unterstreicht den Befehl seines Kommandanten, indem er aus der Panzerluke drohend seine Pistole auf mich richtet, mit beiden Händen fest umklammert.

Bei der Rückkehr nach Ljubljana muss ich mir mit anderen Journalisten durch Seitengassen und Fabrikhöfen einen Weg in die Stadt bahnen. Alle anderen Straßen wurden von aufgeschreckten Slowenen mit ihren Privatautos verbarrikadiert. Sie wollen verhindern, dass die Panzer der jugoslawischen Armee in die Stadt vordringen.

***

Slowenien hat innerhalb weniger Tage die wohl extremsten Wechselbäder seiner jüngsten Geschichte durchlaufen. Der Freudentaumel über die Unabhängigkeit wurde von militärischen Gewaltakten abgelöst, die in der Bombardierung strategischer Ziele mündete, die dann wieder durch einen überraschenden Aufruf zur sofortigen Einstellung aller Kampfhandlungen abgelöst wurde. Tote, Verwundete, Gefangene – wenn auch nur in kleiner Zahl –, waren der Beweis für eine neue Entwicklung mit der in Slowenien niemand ernsthaft gerechnet hatte.

Aber auch die Gegenseite, die jugoslawische Armee, schien durch ihr militärisches Muskelspiel in einen unerwarteten Widerstand verwickelt worden zu sein, den man wiederum den Slowenen nicht zugetraut hätte. Scheinbare Nebensächlichkeiten helfen dabei, den Tathergang der Eskalation aufzuklären:

Wenn Panzereinheiten – wie bei dem Vormarsch in Slowenien geschehen – ohne Verpflegung zum morgendlichen Einsatz abkommandiert werden, dann verbirgt sich dahinter entweder sträflicher Nachlässigkeit oder eine strategische Absicht des Kommandanten. Es liegt also nahe, dass die jugoslawische Armee selbst davon ausging, den Slowenen einen kurzfristigen, aber effektvollen Schock zu versetzen. Denn wer ohne Verpflegung ins Manöver fährt, glaubt, abends wieder daheim zu sein. Diese Rechnung ging nicht auf. Der slowenische Widerstand hat sogar Teile der jugoslawischen Truppen demoralisiert. Denn bald wurden Deserteure aufgegriffen, die nicht mehr bereit waren, gegen Slowenien zu kämpfen. Die Vermutung, dass sich das Oberkommando der jugoslawischen Volksarmee verschätzt hat, wird durch einen überraschenden Aufruf zum Stopp des Militäreinsatzes bestärkt.

In dieser immer noch unsicheren Lage könnten politische Lösungsversuche in den Vordergrund rücken. Die Europäische Gemeinschaft, die sich seit Jahren durch kontinuierliche Fehleinschätzungen der Verhältnisse in Jugoslawien „auszeichnet“, beginnt zu begreifen, dass Demokratisierung ein unteilbares Recht für alle ist. Die Größe eines Volkes darf nicht das Ausmaß seines Selbstbestimmungsrechtes diktieren. Denn dann entstünde eine Hierarchie nach der Größe von

Nationen. Für Slowenien gibt es keinen Weg zurück in den jugoslawischen Zentralstaat. Aber für Slowenien gibt es den Weg in einen jugoslawischen Staatenbund. Diese Variante wird mehrheitlich von den Völkern Jugoslawiens angestrebt. Doch dieser einzige Ausweg aus der Krise scheitert bislang an dem Veto Serbiens. Darauf stützt sich auch die jugoslawische Armee bei ihrem militärischen Eingreifen.

Wenn die Appelle aus Slowenien, Kroatien, Bosnien-Herzegowina und Makedonien zum friedlichen Umbau des Staates bislang ergebnislos verhallten, dann sollten die Schießereien in Slowenien hoffentlich jetzt die Europäische Gemeinschaft und die KSZE aufgeweckt haben.

Doch dafür ist es wohl schon zu spät.

Der Krieg um das zerfallende Jugoslawien hat begonnen.

***

28. Juni 1991

Eine gespenstische Nacht herrschte in Ljubljana. Die militärischen Verteidigungsmaßnahmen haben auf die Innenstadt von Ljubljana übergegriffen. Die zentralen Plätze und Straßen um das Parlament sind mit quer gestellten Bussen und Kranwagen blockiert. Soldaten der slowenischen Landesverteidigung kontrollieren den Privatverkehr. Ganze Häuserblocks und Parkanlagen wurden abgeriegelt, nachdem ein Hubschrauber der jugoslawischen Armee in einem Villenviertel abgeschossen worden war.

Der Hubschrauber stürzte auf eine freie Straße und zerstörte nur parkende Autos. Doch dabei kamen die beiden Piloten ums Leben. Die Leichen der beiden Toten lagen stundenlang auf der Straße im Freien. Ein bedrückender Anblick. Holzkisten, gefüllt mir frischen Brotlaiben, die der Hubschrauber zu den kämpfenden Truppen der jugoslawischen

Armee transportieren sollte, zerplatzen bei dem Aufprall. Hunderte von zerstreuten Broten bedeckten weiträumig die Unfallstelle.

Fast symbolhaft waren die Aufbauten der Unabhängigkeitsfeiern vor dem Parlament Opfer eines nächtlichen Regensturms geworden. Die zahllosen neuen slowenischen Staatfahnen wurden klitschnass, zerrissen oder verfingen sich im Gestänge der Fahnenmasten.

Höchste Alarmbereitschaft bestand auf Seiten der slowenischen Landesverteidigung, seit am Abend der Druck der jugoslawischen Armee auf den schützenden Blockadering um die Stadt immer weiter zunahm. Journalisten wurden wegen der erwarteten Gefechte nicht mehr bis an diese Straßenblockaden vorgelassen. Nun versuchen Panzer der jugoslawischen Armee, von dort aus nach Ljubljana vorzudringen, um die slowenische Hauptstadt einzunehmen. Augenzeugen berichten, dass Soldaten der Armee bereits den Stadtrand infiltriert haben. Nachdem die abendliche Stille der Innenstadt durch Gewehrfeuer zerrissen wurde, ist die Spannung in der Stadt deutlich gestiegen.

Der slowenische Verteidigungsminister Janez Janša zeigte sich vor Journalisten erstmals in Kampfuniform und leitete seine Stellungnahme ein mit dem Satz: „Es herrscht Krieg in Slowenien."

In seiner ersten Bilanz der bisherigen Zusammenstöße zählte er zwanzig Orte auf, an denen bereits gekämpft werde. Nach eigenen Angaben wollen die Slowenen dabei sechs Hubschrauber, 15 Panzer und sechs gepanzerte Fahrzeuge der jugoslawischen Armee zerstört haben. Die unbestätigte Zahl der bisherigen Opfer der Kämpfe gibt der Verteidigungsminister mit „etwa einhundert" an.

Als Abwehrmaßnahmen gegen die anrückenden Panzer der jugoslawischen Armee sind inzwischen nicht nur die Zufahrtsstraßen nach Ljubljana, sondern auch zentrale Punkte der Innenstadt vermint worden. Auf dem Land kommt es immer wieder zu offenen Feindseligkeiten zwischen der jugoslawischen Armee und der slowenischen Bevölkerung. Von slowenischer Seite wird behauptet, dass bereits zahlreiche Überläufer aus der jugoslawischen Armee registriert wurden, die vermutlich slowenische Staatsbürger sein dürften. Der slowenische Präsident Kučan hatte seine Landsleute in den Bundesbehörden und in der jugoslawischen Volksarmee aufgefordert, sich nicht gegen das eigene Volk zu engagieren.

Schlussbemerkung

Der Krieg zog sich von Slowenien über Kroatien nach Bosnien-Herzegowina und wütete bis zum Friedensvertrag von Dayton am 21. November 1995 über vier Jahre lang. Dieser Konflikt kostete mehr als einhunderttausend Menschen das Leben. Zehntausende sind vermisst. Es fanden ethnische Säuberungen und Massaker statt. Eine gigantische Fluchtbewegung innerhalb des Landes, in die umliegenden Staaten Europas und nach Übersee, von der alle Völker Jugoslawiens betroffen waren, begleiteten diesen Krieg. Das UNHCR registrierte insgesamt 734.970 Flüchtlinge, die Jugoslawien verlassen haben. Fast die Hälfte von ihnen fand in der Bundesrepublik Deutschland Schutz.[17] Die innerjugoslawischen Vertreibungen sind davon noch nicht erfasst.

Ein letzter Waffengang unter Teilnahme der NATO, aber ohne UN-Mandat, fand vom 28. Februar 1998 bis zum 10. Juni 1999 um das Kosovo statt als Folge des serbischen Vorgehens gegen die Kosovo-Albaner.

Nach dem Zerfall von Jugoslawien wurden sieben neue Staaten in Südosteuropa gegründet. Zunächst entstanden die

---

[17] http://www.efms.uni-bamberg.de/ds27_2_d.htm (Abruf 17.01.2021) Da Deutschland bereits ein wichtiges Zielland für Gastarbeiter aus Jugoslawien war, fanden auch zahlreiche Menschen aus den Kriegsgebieten bei Verwandten in Deutschland Schutz, ohne als Flüchtlinge registriert zu werden. In der Summe sind 1.240.400 Menschen aus dem ehemaligen Jugoslawien mit ihrem Wohnsitz in Deutschland registriert. Hinzu kommen Angehörige der Nachfolgegenerationen dieser Zuwanderer, die inzwischen einen deutschen Pass erworben haben.
https://de.statista.com/statistik/daten/studie/1221/umfrage/anzahl-der-auslaender-in-deutschland-nach-herkunftsland/ (Aufruf 21.1.2021).

vier Staaten, die als Teilrepubliken eine Umwandlung der Föderation Jugoslawiens zu einer Konföderation (Staatenbund) angestrebt hatten, dabei aber keine Unterstützung der damaligen Europäischen Gemeinschaft, der Pentagonale, der KSZE (Konferenz für Sicherheit und Zusammenarbeit) oder der USA erhalten haben:

- Republik Slowenien[18] am 25. Juni 1991
- Republik Kroatien[19] am 8. Oktober 1991
- Republik Bosnien-Herzegowina[20] am 1. März 1992
- Republik Makedonien[21] am 8. September 1991

Die verbleibenden Republiken Serbien und Montenegro ersetzten die Sozialistische Föderative Republik Jugoslawien zunächst durch die Bundesrepublik Jugoslawien[22] (1992-2003) und anschließend durch die Staatenunion von Serbien und Montenegro[23] (2003-2006). Danach trennten sich beide Republiken als selbständige Staaten:

---

[18] Republika Slovenija.

[19] Republika Hrvatska.

[20] De facto ist in Bosnien-Herzegowina die gemeinsame serbokroatische Sprache in drei Sprachen aufgelöst worden und durch Bosnisch, Serbisch und Kroatisch ersetzt worden. Es gelten gleichberechtigt das lateinische und das kyrillische Alphabet mit den Staatsnamen in beiden Schreibweisen: Bosna i Hercegovina sowie Босна и Херцеговина.

[21] Von 1993 bis 2019 als FYROM (The Former Yugoslav Republic of Macedonia) bei den Vereinten Nationen registriert. Nach langem Streit einigten sich der griechische und der makedonische Regierungschef Alexis Zipras und Zoran Zaev auf den Namen „Republik Nordmazedonien". Am 11. Januar 2019 stimmte das Parlament in Skopje diesem Abkommen zu. Albanisch ist in Nordmazedonien weitere Amtssprache. Deshalb trägt der Staat eine slawisch-makedonische und eine albanische Bezeichnung: Република Северна Македонија (Republika Severna Makedonija) und Republika e Maquedonisë së Veriut.

[22] Савезна Република Југославија (Savezna Republika Jugoslavija).

[23] Државна Заједница Србија и Црна Гора (Državna Zajednica Srbija i Crna Gora).

- Montenegro[24] am 3. Juni 2006
- Serbien[25] am 5. Juni 2006

Nach dem Kosovo-Krieg wurde – wesentlich auf amerikanische Initiative hin – das Kosovo als eigener Staat anerkannt:

- Republik Kosovo[26] am 17. Februar 2008

Zwei politische Konsequenzen hatte dieser Krieg für die internationale Politik:

Die KSZE (seit 1995 OSZE), die zuvor nur einstimmige Entscheidungen treffen konnte, bekannte sich nach dem Jugoslawienkrieg zum „Konsens minus Eins". Das heißt, auch gegen einen betroffenen Mitgliedsstaat kann man nun eine Resolution fassen und Maßnahmen ergreifen. Zuvor konnte wegen des Einspruchs der jugoslawischen Zentralregierung in Belgrad von der KSZE keine Friedensmission auf dem Balkan in Gang gesetzt werden.

Die nächste Konsequenz betrifft die Friedensmissionen der Vereinten Nationen. Der Einsatz solcher Missionen war erst nach Ausbruch eines Konfliktes zur Wiederherstellung und dem nachfolgenden Erhalt des Friedens gedacht. Mit dem

---

[24] Crna Gora, Црна Гора. Seit dem 19. Oktober 2007 ist Montenegrinisch Staatssprache, basierend auf dem früheren Serbokroatisch. Laut Verfassung sind das lateinische und das kyrillische Alphabet gleichberechtigt.

[25] Република Србија (Republika Srbija). Die serbische Verfassung schreibt für den offiziellen Sprachgebrauch das kyrillische Alphabet vor, erlaubt aber bei Minderheitensprachen die lateinische Schrift. De facto wird im Alltag für die serbische Sprache oft auch die lateinische Schrift benutzt.

[26] In der Republik Kosovo gelten als gleichberechtigte Amtssprachen Albanisch und Serbisch. Deshalb gibt es auch hier eine zweisprachige Staatsbezeichnung: Republika e Kosovës und Република Косово (Republika Kosovo).

Jugoslawienkrieg wurden erstmals in Makedonien – in Ablösung der UNPROFOR[27] – Friedenstruppen, die UNPREDEP[28], erfolgreich zum Präventivschutz vor einem möglichen Kriegsausbruch eingesetzt.

Die nachfolgenden beiden Dokumente zeigen, wie angespannt das Verhältnis zwischen der jugoslawischen Armee und der Politik war. Auch wenn der Stab des Oberkommandos der Streitkräfte behauptete, die Armee werde sich nicht in die Politik einmischen, demonstriert das erste Dokument[29] vom März 1991 eine Art Ultimatum, nach dem sich die Politik zu richten habe. Das zweite Dokument[30], eine Verlautbarung des Staatspräsidiums, klingt wie das verzweifelte Bemühen um eine Entflechtung der Konfliktparteien nur wenige Wochen vor Ausbruch des eigentlichen Krieges. Doch das Staatspräsidium sieht hierbei die jugoslawische Armee als entscheidenden Ordnungsfaktor. Dadurch dürfte sich die Armee zum Eingreifen im Jugoslawienkonflikt bestärkt gefühlt haben.

Die diakritischen Schriftzeichen in der Agenturfassung der Dokumente sind an die Typologie der damaligen Telexmaschinen angepasst worden: dj (đ), cc (č), ch (ć), ss (š), zz (ž).

Zwei weitere Dokumente sind Titelseiten der slowenischen Zeitungen *Delo*[31] und der kroatischen Zeitung *Večernji list*[32], die am 26. Juni 1991 die Unabhängigkeit ihrer Staaten verkünden.

---

[27] United Nations Protection Forces (Schutztruppe der Vereinten Nationen).

[28] United Nations Preventive Deployment Forces (Präventiveinsatztruppe der Vereinten Nationen).

[29] Tanjug 19. März 1991.

[30] Tanjug, 09. Mai 1991.

[31] https://old.delo.si/55let/2-5-milijard-izvodov-dela.html (Aufruf 20.1.2021).

[32] https://www.facebook.com/HrvatskaPovijest/ (Aufruf 20.1.2021).

Dokumente

Mitteilung des Stabes des Oberkommandos der Streitkräfte
der SFRJ (Serbisch)

33 - saopsstenje sstaba vrhovne komande oruzzanih snaga sfrj -

b e o g r a d, 19. marta (tanjug) - sstab vrhovne komande izdao
je danas saopsstenje koje glasi:

+predsednisstvo sfrj, u svojstvu vrhovnog komandanta oruzzanih
snaga sfrj, na sednicama odrzzanim 12, 14. i 15. marta 1991. godine,
nije prihvatilo predlog sstaba vrhovne komande da se preduzmu
odgovarajuche mere koje bi garantovale spreccavanje medjunacionalnih
oruzzanih sukoba i gradjanskog rata i osigurale uslove za miran,
demokratski i na ustavu i zakonima zasnovan rasplet jugoslovenske
krize. polazechi od ustavom sfrj utvrdjene odgovornosti oruzzanih
snaga u obezbedjivanju nezavisnosti, suvereniteta, teritorijalne
celokupnosti i ustavom sfrj utvrdjenog drusstvenog poretka, sstab
vrhovne komande, kao najvisse struccno i profesionalno telo u oblasti
rukovodjenja i komandovanja oruzzanim snagama, izvrssio je svestranu
procenu nastale situacije i moguchih posledica i saopsstava sledeche:

prvo, jugoslovenska narodna armija pouzdano che obezbedjivati
granice sfrj od svih oblika ugrozzavanja i neche dozvoliti njihovu
promenu sve dok se ne postigne i stupi na snagu eventualni dogovor o
tome u skladu sa ustavom sfrj.

drugo, jugoslovenska narodna armija ni pod kojim uslovima neche
dozvoliti medjunacionalne oruzzane sukobe i gradjanski rat u
jugoslaviji.

treche, u ressavanju medjunacionalnih, medjurepublicckih i
medjustranacckih sporova neche se dozvoliti nasilje sa bilo koje
strane.

ccetvrto, moraju se obezbediti normalni uslovi za zzivot i rad
oruzzanih snaga. to prvenstveno podrazumeva: posstovanje regrutne i
drugih oblika vojne obaveze u skladu sa ustavom sfrj i saveznim
propisima, vrachanje teritorijalne odbrane u sistem rukovodjenja i
komandovanja utvrdjen ustavom sfrj i aktima predsednisstva sfrj,
uredno finansiranje jugoslovenske narodne armije u skladu sa vech
preuzetim drusstvenim obavezama.

peto, buduchi da predsednistvo sfrj nije prihvatilo predlog
neophodnih mera za potpuno sprovodjenje sopstvene naredbe od 9.
januara 1991. godine, jugoslovenska narodna armija ne mozze snositi
odgovornost za dalje eventualno nelegalno naoruzzavanje gradjana i
njihovo vojno organizovanje na bilo kom delu jugoslovenske
teritorije.

jugoslovenska narodna armija se, kao ni do sada, neche messati u
politiccke dogovore o buduchnosti zemlje.

sstab vrhovne komande smatra da su navedeni uslovi i mere
susstinske pretpostavke za mirno i demokratsko ressenje jugoslovenske
krize i postizanje dogovora o buduchem uredjenju jugoslavije. zato
che sstab vrhovne komande istrajati u njihovom obezbedjivanju i
sprovodjenju.

sstab vrhovne komande
oruzzanih snaga sfrj

Übersetzung:

Mitteilung des Stabes des Oberkommandos
der Streitkräfte der SFRJ

Belgrad, 19. März [1991] (Tanjug) – Der Stab des Obersten Kommandos hat heute eine Erklärung abgegeben, die lautet:

Das Präsidium der Sozialistischen Föderativen Republik Jugoslawien (SFRJ) akzeptierte in seiner Eigenschaft als Oberbefehlshaber der SFRJ-Streitkräfte auf seinen Sitzungen am 12., 14. und 15. März 1991 nicht den Vorschlag des Stabes des Obersten Kommandos, geeignete Maßnahmen zur Verhinderung interethnischer bewaffneter Konflikte und Bürgerkriege zu ergreifen und Bedingungen für eine friedliche, demokratische, konstitutionelle und gesetzesbasierte Lösung der Jugoslawienkrise sicherzustellen. Auf der Grundlage der verfassungsrechtlich festgelegten Zuständigkeiten der Streitkräfte bei der Gewährleistung von Unabhängigkeit, Souveränität, territorialer Integrität und der verfassungsrechtlich festgelegten Gesellschaftsordnung führte der Stab des Oberkommandos als höchste fachliche und professionelle Institution auf dem Gebiet der Führung und des Kommandos der Streitkräfte eine umfassende Bewertung der Lage und ihrer möglichen Folgen durch und verkündet Folgendes:

Erstens: Die jugoslawische Volksarmee wird zuverlässig die Grenzen der SFRJ vor allen Formen von Bedrohungen schützen und keinerlei Grenzänderungen zulassen, bis darüber in Einklang mit der jugoslawischen Verfassung eine mögliche Einigung getroffen und in Kraft getreten ist.

Zweitens: Die jugoslawische Volksarmee wird unter keinen Umständen interethnische bewaffnete Konflikte und einen Bürgerkrieg in Jugoslawien zulassen.

Drittens: Bei der Beilegung von Streitigkeiten zwischen den Völkern, den Republiken und Parteien wird – von welcher Seite auch immer – keinerlei Gewalt zugelassen.

Viertens: Es müssen normale Lebens- und Arbeitsbedingungen für die Streitkräfte sichergestellt werden. Dies bedeutet in erster Linie: Einhaltung der Wehrpflicht und anderer Formen des Militärdienstes gemäß der Verfassung der SFRJ und den Bundesvorschriften, Rückführung der territorialen Verteidigungskräfte in das Führungs- und Befehlssystem gemäß der Verfassung der SFRJ und den Vorschriften des Präsidiums, eine ordnungsgemäße Finanzierung der jugoslawischen Volksarmee gemäß den schon übernommenen gesellschaftlichen Verpflichtungen.

Fünftens: Wenn das Präsidium der SFRJ den Vorschlag der notwendigen Maßnahmen zur vollständigen Umsetzung der eigenen Beschlüsse vom 9. Januar 1991 nicht akzeptiert, kann die jugoslawische Volksarmee nicht für weitere mögliche illegale Bewaffnungen von Bürgern und ihrer militärischen Organisationen in irgendeinem Teil des jugoslawischen Territoriums verantwortlich gemacht werden.

Die jugoslawische Volksarmee wird sich nach wie vor nicht in politische Vereinbarungen über die Zukunft des Landes einmischen.

Der Stab des Oberkommandos ist der Ansicht, dass die genannten Bedingungen und Maßnahmen die wesentlichen Voraussetzungen für eine friedliche und demokratische Lösung der Jugoslawienkrise und für eine Einigung über die künftige Organisation Jugoslawiens sind. Daher wird der Stab des Oberkommandos beharrlich an deren Sicherung und Durchsetzung arbeiten.

Stab des Oberkommandos der Streitkräfte der SFRJ

Mitteilung von der Sitzung des Präsidiums
der SFRJ (Serbisch)

saopsstenje sa sednice predsednisstva sfrj

beograd, 9. maja (tanjug) - rano jutros u beogradu je
zavrssena sednica predsednisstva sfrj - predsedavao predsednik dr
borisav jovich na kojoj je razmatrana aktuelna politicska situacija
u zemlji.
u radu sednice uccestvovali su predsednik skupsstine sfrj,
predsednik saveznog izvrssnog vecha, predsednici republika, odnosno
predsednisstava republika, a iz republike hrvatske predsednik vlade.
predsednisstvo sfrj, polazechi od svoje i ustavne odgovrnosti
drugih saveznih i republicckih organa za stanje u zemlji, i od
neophodne potrebe da se odmah obezbede mir i normalni uslovi za
razressenje jugoslovenske krize, donelo je konkretan program mera i
aktivnosti za trajno ressenje medjunacionalnih i medjurepublicckih
sukoba, na principima punog posstovanja teritorijalnog integriteta
sfrj i republika, odnosno legaliteta i legitimiteta vlasti u njima,
gradjanskih, individualnih i nacionalnih prava, kao i pravne drzzave.

za   ressavanje   medjunacionalnih
sukoba   u republici   hrvatskoj   treba
stvoriti uslove da se:
a) onemoguche oruzzani sukobi=
b) utvrde sporna pitanja usled kojih nastaju medjunacionlni
problemi=
c) osigura demokratski dijalog za njihovo ressavanje.
da bi se to ostvarilo potrebno je da se uradi sledeche:
1. javni red i sigurnost, kao i nacionalna i gradjanska prava
svih gradjana garantuju se i obezbedjuju u skladu sa ustavno-pravnim
sistemom federacije i republike hrvatske. sva sporna pitanja che se
ressavati i uz angazzovanje odgovarajuchih organa fedenacije.
2. odmah osigurati da se prekine svako nasilje i obezbedi mir. u
tom cilju odmah obusbaviti kretanje oruzzanih formacija i naoruzzanih
gradjana u kriznim zzarisstima, izuzev legalnih lokalnih organa
unutrassnjih poslova, a izmedju podruccja sa pretezzno srpskim
stanovnisstvom i ostalih delova hrvatske, u oba pravca, svih
oruzzanih formacija i grupa, izuzev jednica jugoslovenske narodne
armije i saveznog sekretarijata za unutrassnje poslove.
ova mera ograniccena primenjivache se u narednih mesec dana od
dana donossenja ove odluke.
jugoslovenska narodna armija koja je, shodno svojoj ustavnoj
ulozi i naredjenjima predsednisstva sfrj, vech angazzovana na kriznim
zzarisstima, odgovorna je da obezbedi efikasno provodjenje ove odluke
predsednisstva sfrj.
3. odmah izvrssiti demobilizaciju rezervnog sastava policijskih,
odnosno milicijskih snaga, organizovati povlaccenje oruzzja od
gradjana i njegovo smesstanje u odgovarajucha skladissta koja su pod
kontrolom nadlezznih organa, u skladu sa zakonom.
da se odmah provede temeljita istraga od strane odgovarajuchih
saveznih i republicckih organa u vezi sa oruzzanim sukobima, ljudskim
zzrtvama i materijalnim razaranjima i o tome detaljno obavesti
javnost.
4. odmah prekinuti sa napadima na jugoslovensku narodnu armiju,
njene pripadnike, objekte i sredstva jna.
predsednisstvo sfrj ocenjuje da jugoslovenska narodna armija
izvrssava svoje funkcije u skladu sa ustavom sfrj i saveznim
zakonima, i da je sposobna uspessno da zasstiti granice zemlje i
sprecci medjurepubliccke i medjunacionalne sukobe kao zajedniccka
oruzzana sila svih nassih naroda.
5. odmah formirati paritetnu grupu sastavljenu od predstavnika
republike hrvatske i legitimnih predstavnika srpskog naroda iz
hrvatske, radi otpoccinjanja razgovora o svim spornim politicckim
pitanjima za koja se smatra da su uzroccnik krize, kao ssto su:
ustavna ravnopravnost hrvatskog i srpskog naroda, jezik, pismo,
nacionalni i drzzavni simboli, pravo naroda na samoopredeljenje do
otcepljenja, naccin izjassnjavanja na referendumu i sliccno.
6. sprovodjenjem ove odluke obezbediche se mir u zemlji, a time i
uslovi za vrachanje borbene gotovosti jednica jna na normalni nivo.
uspostavljanje mira i sigurnosti omoguchuje uspessan zavrssetak
razgovora o politicckoj buduchnosti jugoslavije, ssto bi sa svoje
strane doprinelo prevazilezzenju medjunacionalnih problema.
ove odluke, mere i aktivnosti predsednisstvo sfrj usvojilo je
jednoglasno.
(kraj) es
nnnn

Übersetzung:

Mitteilung von der Sitzung des Präsidiums der SFRJ
Belgrad, 9. Mai [1991] (Tanjug)

Am frühen Morgen wurde in Belgrad die Sitzung des Präsidiums der SFRJ unter dem Vorsitz von Präsident Dr. Borisav Jović beendet, auf der die aktuelle politische Situation im Land erörtert wurde.

An der Sitzung nahmen der Parlamentspräsident der SFRJ, der Ministerpräsident Jugoslawiens, die Präsidenten der Republiken bzw. deren Vertreter sowie der Premierminister der Republik Kroatien teil.

Das Präsidium der SFRJ, ausgehend von seiner eigenen und der verfassungsmäßigen Verantwortung anderer Bundes- und Landesorgane für die Lage im Land und von der zwingenden Notwendigkeit, sofort Frieden und normale Bedingungen für die Lösung der Jugoslawienkrise zu gewährleisten, verabschiedete ein konkretes Maßnahmenprogramm und Aktivitäten zur dauerhaften Lösung der Konflikte zwischen den Volksgruppen und Republiken nach dem Grundsatz der uneingeschränkten Achtung der territorialen Integrität des SFRJ und der Republiken bzw. der Legalität und Legitimität ihrer Macht, der bürgerlichen, individuellen und nationalen Rechte sowie der Rechtsstaatlichkeit.

Für die Lösung der interethnischen Zusammenstöße in der Republik Kroatien ist es notwendig, Bedingungen zu schaffen, um:

a) bewaffnete Konflikte zu verhindern,

b) Streitfragen zu identifizieren, die zu interethnischen Problemen führen,

c) einen demokratischen Dialog zu gewährleisten für deren Lösung.

Um dies zu erreichen, ist Folgendes erforderlich:

1. Die öffentliche Ordnung und Sicherheit sowie die nationalen und bürgerlichen Rechte aller Bürger werden gemäß dem verfassungsrechtlichen Rahmen der Föderation und der Republik Kroatien garantiert und gewährleistet. Alle Streitigkeiten werden unter Einbeziehung der zuständigen Stellen der Föderation beigelegt.

2. Es soll sofort sichergestellt werden, dass jede Art von Gewaltanwendung eingestellt und der Frieden gesichert wird. Zu diesem Zweck soll – mit Ausnahme legaler örtlicher Organe – sofort die Bewegung bewaffneter Formationen und bewaffneter Bürger in Krisengebieten wie auch alle bewaffneten Formationen und Gruppen zwischen Gebieten mit überwiegend serbischer Bevölkerung und anderen Teilen Kroatiens in beide Richtungen eingestellt werden, mit Ausnahme von Einheiten der jugoslawischen Armee und des Innenministeriums.

Diese restriktive Maßnahme wird für einen Monat angewendet, gültig ab dem Tag der Veröffentlichung dieser Entscheidung.

Die jugoslawische Volksarmee, gemäß ihrer verfassungsmäßigen Rolle und den Anordnungen des Präsidiums der SFRJ folgend, ist bereits in den Krisengebieten tätig und trägt die Verantwortung für die Durchführung dieser Entscheidung des Präsidiums der SFRJ.

3. Es ist sofort die Demobilisierung der Reservekräfte von Polizei bzw. Miliz durchzuführen sowie die Beschlagnahme von Waffen der Bürger und deren Unterbringen in angemessenen Sammelstellen, die unter Kontrolle der zuständigen Behörden in Einstimmung mit dem Gesetz stehen.

Es ist unverzüglich eine gründliche Untersuchung durch die zuständigen föderalen und Republikbehörden zu bewaffneten Konflikten, menschlichen Opfern und materieller Zerstörung durchzuführen und die Öffentlichkeit ist ausführlich darüber zu informieren.

4. Unverzüglich sind die Angriffe auf die jugoslawische Volksarmee, ihre Angehörigen, ihre Objekte und Ausstattung einzustellen.

Das Präsidium der SFRJ würdigt, dass die jugoslawische Volksarmee ihre Aufgaben im Einklang mit der Verfassung der Föderativen Sozialistischen Republik Jugoslawien und den Bundesgesetzen ausübt, in der Lage ist, die Grenzen des Landes erfolgreich zu schützen und als die gemeinsamen bewaffneten Kräfte aller unserer Völker Zusammenstöße zwischen Republiken und Volksgruppen verhindert.

5. Es ist sofort eine paritätisch besetzte Gruppe zu bilden mit Vertretern der Republik Kroatien und legitimen Vertretern des serbischen Volkes in Kroatien, um Diskussionen über alle umstrittenen

politischen Fragen zu beginnen, die als Ursache der Krise angesehen werden, wie z. B.: Verfassungsgleichheit des kroatischen und serbischen Volkes, Sprache, Schrift, nationale und staatliche Symbole, das Recht eines Volkes auf Selbstbestimmung bis zur Sezession, die Bedingungen für ein Referendum und Ähnliches.

6. Die Umsetzung dieser Entscheidung wird Frieden im Land und damit die Bedingungen für die Rücknahme der Kampfbereitschaft der jugoslawischen Armeeieinheiten auf ein normales Niveau gewährleisten.

Die Schaffung von Frieden und Sicherheit wird den erfolgreichen Abschluss von Gesprächen über die politische Zukunft Jugoslawiens ermöglichen, die ihrerseits zur Überwindung interethnischer Probleme beitragen würden.

Diese Entscheidungen, Maßnahmen und Aktivitäten wurden vom Präsidium der SFRJ einstimmig angenommen.

Delo (Slowenien) am 26.6.1991:
„Die Republik Slowenien ist ein selbständiger Staat"
„Kroatien ist selbständig"

Večernij list (Kroatien) am 26.6.1991
„Kroatien ist ein selbständiger Staat"
„Auch Slowenien ist selbständig"

Die Bevölkerung Jugoslawiens 1991

Seit 1948 wurde alle zehn Jahre in Jugoslawien eine Volkszählung durchgeführt. Dabei wurden die absolute Anzahl der Gesamtbevölkerung, die Bevölkerungszahlen der einzelnen Republiken und autonomen Gebiete sowie die nationale Zuordnung ermittelt.

Die Hochrechnung für 1991, dem Jahr des Kriegsausbruchs, weist auf der Grundlage der letzten Volkszählung für Jugoslawien einen Gesamtbestand von etwas 23,5 Mio. Einwohnern aus.[33]

Nach der Unabhängigkeit der einzelnen Teilrepubliken wurde der jeweilige Bestand nachträglich überarbeitet und korrigiert. Durch die zahlreichen Vertreibungen, Fluchtbewegungen und Auswanderungen in andere Staaten ist es heute schwer, diese Daten zu verifizieren.[34] Dennoch soll im Folgenden der damals zur Verfügung stehende Datenbestand zur Orientierung benutzt werden, um zu verstehen, wie kompliziert die Siedlungsverhältnisse und Grenzziehungen im damaligen Vielvölkerstaat Jugoslawien waren.

Die Bevölkerung der einzelnen Teilrepubliken in geografischer Anordnung von Nordwesten nach Südosten:

---

[33] Die Daten stammen aus diesen beiden Quellen: https://bs.wikipedia.org/wiki/Demografija_Socijalisti%C4%8Dke_federativne_republike_Jugoslavije sowie https://hr.wikipedia.org/wiki/Stanovni%C5%A1tvo_Jugoslavije (Aufruf 9.3.2021).

[34] Es ist auffallend, dass das heutige Nordmazedonien schon seit vielen Jahren eine Volkszählung vermeidet. Dahinter wird vermutet, dass dadurch der rapide Anstieg der albanischen Bevölkerung nicht erfasst werden soll. Vgl. https://balkans.aljazeera.net/news/balkan/2016/12/2/makedonija-ne-zna-koliko-ima-stanovnika Deutsch: *Mazedonien weiß nicht, wie viele Einwohner es hat.* (Aufruf 9.3.2021).

Slowenien	1.965.986
Kroatien	4.784.265
Bosnien-Herzegowina	4.377.033
Serbien	9.778.991
Darin liegend	
Kosovo	1.956.196
Vojvodina	2.031.992
Montenegro[35]	615.035
Makedonien	2.033.964

Der ethnische Bestand der damaligen Titularnationen und der Albaner (gerundet):

Serben	8.546.000 (36,3 %)
Kroaten	4.660.000 (19,8 %)
Bosnjaken	2.347.000 (10.0 %)
Albaner	2.178.000 (9,2 %)
Slowenen	1.761.000 (7,5 %)
Makedonen	1.387.000 (5,9 %)
Sonstige	2.676.000 (11,3 %)

Hierbei fällt auf, dass die Summe der nationalen Minderheiten wie Italiener, Rumänen, Russinen, Slowaken, Sinti und Roma, Türken und Ungarn zusammen die drittgrößte Bevölkerungsgruppe im ehemaligen Jugoslawien darstellten. Der damalige Bestand der Nationen in den einzelnen Republiken

---

[35] Die Montenegriner galten in Jugoslawien als Serben, obwohl sie schon 1946 als eigene Nation bezeichnet wurden. Mit dem Zerfall Jugoslawiens haben sie ihre nationale Identität mit einer eigenen Nationalkirche (am 6. Januar 2000 offiziell registriert) und 2007 mit einer eigenen Sprachnormierung formiert. Vgl. Daniel Gabrić: *Montenegrizität: Sprache und Kirche im Spiegel des Identitätsdiskurses in der Republik Montenegro 1990-2007*. Peter Lang, Frankfurt am Main 2010.

zeigt, dass sich vor allem die Serben, Kroaten und Albaner in
Jugoslawien auf mehrere Republiken verteilten:

Serbien	71,2 % Serben
Darin liegend	
Kosovo[36]	73,7 % Albaner
	18,4 % Serben
	2,5 % Montenegriner
Vojvodina	55,8 % Serben
	21,7 % Ungarn
	3,7 % Slowaken
Kroatien	79,4 % Kroaten
	11,8 % Serben
Makedonien	69,3 % Makedonen
	25,2 % Albaner
Montenegro	67,2 % Montenegriner
	(Damals als Serben angesehen)
	4,8 % Albaner
	8,6 % Bosnjaken
	3,3 % Muslime
Bosnien-Herzegowina	39,6 % Bosnjaken
	37,2 % Serben
	20,6 % Kroaten
Slowenien	88,1 % Slowenen
	1,9 % Serben
	3,0 % Kroaten
	1,6 % Bosnjaken

---

[36] Albanische und serbische Quellen geben hierfür deutlich unterschiedliche Zahlen an. Vgl. S. 12, FN 3.

Literaturhinweise

Der Krieg um das zerfallende Jugoslawien ist publizistisch, wissenschaftlich und auch literarisch eindrucksvoll aufgearbeitet worden. Davon zeugen fast 350 deutsche Buchtitel im Katalog der Deutschen Nationalbibliothek[37]. Auf dem internationalen, vor allem dem englischsprachigen Buch- und Zeitschriftenmarkt sind es ungleich mehr Titel. Der Bibliothekskatalog HOLLIS (Harvard Library´s online catalog) der amerikanischen Harvard Universität, der (Stand 2020) rund 20 Millionen Titel umfasst, weist einschließlich vieler Zeitschriftenartikel, Dokumente und Fotosammlungen sogar mehr als 140.000 Publikationen[38] auf, die sich weltweit mit dem Zerfall von Jugoslawien befassen.

Im Folgenden sollen hier zunächst einige wichtige deutschsprachige publizistische und wissenschaftliche Veröffentlichungen vorgestellt werden, die sich dem – in diesem Buch dargestellten – Zeitabschnitt vom Herbst 1989 bis zum Kriegsbeginn am 27./28. Mai 1991 widmen.[39]

Einer der erfahrensten journalistischen Balkanexperten ist der langjährige dpa-Korrespondent Thomas Brey, der neben

---

[37] Vgl. https://portal.dnb.de/opac.htm?method=simpleSearch &query= Jugoslawienkrieg (Aufruf 17.1.2021)

[38] https://hollis.harvard.edu/primo-explore/search?query=any,contains, yugoslavia%20fall&tab=everything&search_scope=everything&vid=HVD2&lang=en_US&offset=0 (Aufruf 9.3.2021)

[39] Ungeachtet dessen ist es von zeitgeschichtlichem Wert, für die Rezeption der Wahrnehmung in den deutschsprachigen Ländern deutschsprachige Zeitungen und Zeitschriften aus jener Zeit auszuwerten, die in Jugoslawien mit eigenen, hervorragenden Korrespondenten vertreten waren. Dazu zählen die *Frankfurter Allgemeine Zeitung*, *Die Welt*, die *Süddeutsche Zeitung*, die *Frankfurter Rundschau*, *Der Spiegel*, die *Neue Zürcher Zeitung*, *Die Presse* Wien und *Der Standard* Wien.

unzähligen Berichten und Reportagen auch wichtige zeitgeschichtliche Analysen in der Zeitschrift *Osteuropa* veröffentlicht hat.[40] Auch als Buchautor hat Thomas Brey noch einmal diese Phase zusammengefasst.[41]

Ebenfalls als Bücher sind die Analysen jener Vorkriegsjahre von weiteren, sehr erfahrenen deutschsprachigen Journalisten erschienen wie Wolfgang Libal, ehemaliger Südosteuropa-Korrespondent der dpa,[42] und Viktor Meier, Korrespondent der Frankfurter Allgemeinen Zeitung.[43] Dabei konnten Libal und Meier auf jahrzehntelange Erfahrungen als Journalisten auf dem Balkan zurückgreifen. Sie verbinden anschaulich Aktualität und Zeitgeschichte miteinander.

Der Doyen der Südosteuropa-Publizistik Paul Lendvai hatte kontinuierlich in Radio- und Fernsehkommentaren des ORF wie auch schriftlich die Entwicklungen hin zum Jugoslawienkrieg dargestellt.[44]

Zeitgenössische Analysen hatte der Fachreferent für Jugoslawien im Südost-Institut München, Jens Reuter, über

---

[40] Brey, Thomas: Jugoslawien in der Zerreißprobe. In: *Osteuropa* 6, 1989, S. 568-581. Ders.: Jugoslawien: Der Vielvölkerstaat zerfällt. I. Erosion der staatlichen und wirtschaftlichen Strukturen. In: *Osteuropa* 5, 1991, S. 417-430. Ders.: Jugoslawien: Der Vielvölkerstaat zerfällt. II. Zentrifugale Kräfte und ihre Wirkung. In *Osteuropa* 7, 1991, S. 709-724. Diese und weitere Publikationen von Thomas Brey können auch im Internet recherchiert und heruntergeladen werden unter: https://www.jstor.org/action/doBasicSearch?Query=Thomas+Brey+Jugoslawien (Aufruf 17.1.2021).

[41] Ders: *Die Logik des Wahnsinns. Jugoslawien – von Tätern und Opfern.* Herder Verlag, Freiburg i. B./Basel/Wien 1993.

[42] Libal, Wolfgang: *Das Ende Jugoslawien. Chronik einer Selbstzerstörung.* Europaverlag, Wien/Zürich 1991. Hier besonders ab S. 118-164.

[43] Meier, Viktor: *Wie Jugoslawien verspielt wurde.* Beck´sche Reihe 1141, C. H. Beck Verlag, München 1995. Hier besonders S. 113-317.

[44] Lendvai, Paul: Jugoslawien ohne Jugoslawen. Die Wurzeln der Staatskrise. In: *Europa-Archiv* 19,1990, S. 573-580.

Jahre hinweg in der Zeitschrift *Südosteuropa* veröffentlicht, die bis heute von bleibendem Wert sind.[45]

Unter den deutschsprachigen Historikern ist vor allem die Südosteuropa-Spezialistin Marie-Janine Calic zu nennen. Sie hat mit größter wissenschaftlicher Akribie, enormer Sachkenntnis und gleichzeitig anschaulich die Geschichte des südosteuropäischen Raumes[46], die Geschichte Jugoslawiens[47] und dezidiert die Entwicklung zum Zerfall Jugoslawiens wie auch den Krieg vor allem in Bosnien-Herzegowina[48] behandelt.

Vor ihr hatte jahrzehntelang der angesehene Südosteuropa-Historiker Holm Sundhaussen zu Jugoslawien geforscht und in zweiter Auflage eine geschichtliche Aufarbeitung Jugoslawiens von 1943 bis 2011[49] sowie eine didaktisch hervorragende Zusammenfassung des Zerfallprozesses von Jugoslawien[50] vorgelegt.

---

[45] Reuter, Jens: Vom ordnungspolitischen zum Nationalitätenkonflikt zwischen Serbien und Slowenien. In: *Südosteuropa* 10, 1990, S. 571-586. Ders.: Die Entstehung der jugoslawischen Krise und ihre Internationalisierung. In: *Südosteuropa* 7-8, 1991, S. 343-352. Ders.: Zagreb und Belgrad zum Krieg in Kroatien. Widerstreitende Meinungen zum Kernpunkt des Konflikts. In *Südosteuropa* 9, 1991, S.415-422. Jugoslawien vor dem Zerfall. In: *Aus Politik und Zeitgeschichte*, B 14, 1992, S. 3-12.

[46] Calic, Marie-Janine: *Südosteuropa. Weltgeschichte einer Region.* C. H. Beck Verlag, München 2016. Hier besonders S. 565-579, wo sie den Jugoslawien-Konflikt in den Umbruch der kommunistischen Reformstaaten Osteuropas ab 1989 einbettet.

[47] Dies.: *Geschichte Jugoslawiens im 20. Jahrhundert.* In der Reihe: Europäische Geschichte im 20. Jahrhundert, herausgegeben von Ulrich Herbert. H. C. Beck Verlag, München 2014. Hier besonders S. 297-307.

[48] Dies.: *Krieg und Frieden in Bosnien-Herzegowina.* Erweiterte Neuausgabe, edition suhrkamp. Neue Folge Band 943, Frankfurt am Main 1996. Hier besonders S. 43-98.

[49] Sundhaussen, Holm: *Jugoslawien und seine Nachfolgestaaten 1943-2011.* Eine ungewöhnliche Geschichte des Gewöhnlichen. Böhlau Verlag, Köln/Wien ²2014. Hier besonders S. 215 ff: *Finale Krise und der Untergang Jugoslawiens.*

[50] Ders.: *Der Zerfall Jugoslawiens und dessen Folgen.* Aus Politik und Zeitgeschichte 32, 2008. Bundeszentrale für politische Bildung.

In zwei umfassenden Handbüchern, herausgegeben von den Fachwissenschaftlern Magarditsch Hatschikjan und Stefan Troebst[51] einerseits und von Konrad Clewing und Oliver Jens Schmitt[52] andererseits, wird der Zerfall Jugoslawiens in einem regionalen Zusammenhang mit dem politischen Systemwandel in Südosteuropa analysiert.

Über den eigentlichen Kriegsverlauf haben zahlreiche journalistische Kolleginnen und Kollegen aus der damaligen Zeit eindrucksvolle Publikationen vorgelegt. Dazu zählen das wieder neu aufgelegte und sehr anschauliche Buch von meiner ZDF-Kollegin Susanne Gelhard[53] und das Buch von meinem ARD-Kollegen Detlef Kleinert[54], mit dem ich zahlreiche dramatische Situationen als Kriegsreporter geteilt habe; darunter eine gemeinsame Reportage von der umkämpften, berühmten Brücke in Mostar, kurz bevor sie zerstört wurde.

Ein weiteres wichtiges Buch, das entgegen seinem Titel den gesamten Kriegsverlauf umfasst, stammt von meinem Kol-

---

https://www.bpb.de/apuz/31042/der-zerfall-jugoslawiens-und-dessen-folgen (Aufruf 26.1.2021)

[51] Hatschikjan, Magarditsch/Troebst, Stefan (Hg.): *Südosteuropa. Gesellschaft, Politik, Wirtschaft, Kultur. Ein Handbuch.* C. H. Beck Verlag, München 1999. Hier besonders die Abschnitte von Höpken, Wolfgang: *Der Zerfall Jugoslawiens und der konfliktreiche Übergang zur Neuordnung,* S. 252-261 sowie *Die postjugoslawische Staatenlandschaft,* S. 261-272.

[52] Clewing, Konrad/Schmitt, Oliver Jens (Hg.), Kreuter, Peter Mario (Redaktion): *Geschichte Südosteuropas. Vom frühen Mittelalter bis zur Gegenwart.* Für das Südost-Institut in Regensburg und für das Institut für Osteuropäische Geschichte der Universität Wien. Friedrich Pustet Verlag, Regensburg 2011. Hier besonders die Abschnitte von Meurs, Wim van: *Der Zerfall Jugoslawiens und die Nachfolgestaaten,* S.739-754 sowie *Regimewechsel und Elitenwechsel,* S.754-769.

[53] Gelhard, Susanne: *Ab heute ist Krieg. Der blutige Konflikt im ehemaligen Jugoslawien.* Fischer Taschenbuchverlag, Frankfurt am Main 1992, [Neuausgabe] 2016.

[54] Kleinert, Detlef: *Inside Balkan. Opfer und Täter.* Mit 22 Zeichnungen von Horst Haitzinger. Amalthea Verlag, Wien/München 1993.

legen Erich Rathfelder[55], der ohne tatkräftige Unterstützung einer starken Medieninstitution im Rücken das Risiko eines freien Journalisten als Kriegsberichterstatter auf sich genommen hatte.

Das politische Erbe des zerfallenen Jugoslawien und seine Konseqenzen auch für Europa haben ebenfalls Viktor Meier[56] und sein Nachfolger als Korrespodent der FAZ in Südosteuropa, Matthias Rüb[57], dargestellt.

In mehreren Werken hat der Balkanexperte Michael W. Weithmann[58] diese Krisenregion historisch und politisch eingeordnet und zu deren Verständnis wesentlich beigetragen. Von besonderer Bedeutung ist seine umsichtige Edition mit zahlreichen Fachautoren, die nicht nur den engeren jugoslawischen Raum, sondern den gesamten Balkan mit seinen Konfliktherden auch in Albanien, Bulgarien, Griechenland, Moldau und Rumänien behandelt.[59] Dabei wird klar, welche grenzüberschreitenden Gefahren aus den Nationalitätenkonflikten entstehen können.

---

[55] Rathfelder, Erich: *Sarajevo und danach. Sechs Jahre Reporter im ehemaligen Jugoslawien.* Mit einem Nachwort von Hans Koschnik. Beck´sche Reihe 1244, C. H. Beck Verlag, München 1998.

[56] Meier, Viktor: *Jugoslawiens Erben. Die neuen Staaten und die Politik des Westens.* Beck´sche Reihe 1437. C. H. Beck Verlag, München 2001.

[57] Rüb, Matthias: *Balkantransit. Das Erbe Jugoslawiens.* Paul Zsolnay Verlag, Wien 1998. Ders.: Jugoslawien unter Milošević. In: Melčić, Dunja (Hg.): *Der Jugoslawien-Krieg. Handbuch zur Vorgeschichte, Verlauf und Konsequenzen.* Im Auftrag des Ost-Westeuropäischen Kultur- und Studienzentrums Palais Jalta. VS, Verlag für Sozialwissenschaften. 2., aktualisierte und erweiterte Auflage. Wiesbaden 2007, S. 237 ff. In demselben Band gibt es ein hervorragendes Glossar und ein Verzeichnis einschlägiger Abkürzungen zu den historischen und politischen Fachbegriffen, Jugoslawien betreffend S. 580-585.

[58] Weithmann, Michael W.: *Krisenherd Balkan. Ursprünge und Hintergründe des aktuellen Konflikts.* Wilhelm Heyne Verlag, München 1992. Ders.: *Balkan-Chronik. 2000 Jahre zwischen Orient und Okzident.* Friedrich Pustet Verlag Regensburg/Styra Verlag Graz/Wien/Köln 1995.

[59] Ders. (Hrsg.): *Der ruhelose Balkan. Die Konfliktregionen Südosteuropas.* dtv wissenschaft, Deutscher Taschenbuchverlag, München 1993.

Bis heute gültiges Hintergrundwissen zum Jugoslawienkonflikt liefern auch die beiden angesehenen Fachjournalisten Wolfgang Libal und Christine von Kohl[60].

Einen besonderen Stellenwert hat für mich der politikwissenschaftliche Diskurs von den beiden Autorinnen Cornelia Domaschke und Birgit Schliewenz[61], die sich bis zu ihrer Publikation bereits mehr als fünfzehn Jahre mit der Frage der ethnischen Minderheiten, den Sozialstrukturen und den politischen Systemen auf dem Balkan beschäftigt hatten. Dies gilt auch für ein Buch des angesehenen Korrespondenten der Neuen Zürcher Zeitung und Slawisten Cyrill Stieger[62], der sich zwei Jahrzehnte später ebenfalls mit dieser Problematik auseinander gesetzt hat.

Ein anschauliches Kaleidoskop zur engeren Konfliktregion Jugoslawiens haben die beiden SPIEGEL-Journalisten Olaf Ihlau und Walter Mayr[63] verfasst.

Wie eingangs erwähnt, ist der englischsprachige Buchmarkt zum Jugoslawienkonflikt kaum zu überblicken. Erwähnenswert ist jedoch eine sehr knapp gehaltene, aber anschauliche Geschichte des Balkans von Mark Mazower, der dem Leser einen nützlichen Überblick über weiterführende Literatur auf dem englischsprachigen Buchmarkt anbietet.[64]

Außerdem ist es mir ein Bedürfnis auf Bücher hinzuweisen, die von BBC-Kollegen verfasst wurden. Ein besonders

---

[60] Libal, Wolfgang/Kohl, Christine v.: *Der Balkan. Stabilität oder Chaos in Europa.* Europa Verlag, Hamburg/Wien 2000.

[61] Domaschke, Cornelia/Schliewenz, Birgit: *Spaltet der Balkan Europa?* Aufbau Taschenbuch Verlag, Berlin 1994.

[62] Stieger, Cyrill: *„Wir wissen nicht mehr, wer wir sind". Vergessene Minderheiten auf dem Balkan.* Paul Zsolnay Verlag, Wien 2017. Auch als Sonderausgabe für die Bundeszentrale für politische Bildung, Bonn 2018.

[63] Ihlau, Olaf/Mayr, Walter: *Minenfeld Balkan. Der unruhige Hinterhof Europas.* München 2009. Auch als Sonderausgabe für die Bundeszentrale für politische Bildung, Bonn 2009.

[64] Mazower, Mark: *The Balkans: A Short History.* The Modern Library, New York 2002, besonders S. 175 ff.

herausragender Kollege war der BBC-Korrespondent Misha Glenny. Sein anschauliches Buch über den Zerfall Jugoslawiens liegt inzwischen in dritter Auflage vor.[65] Außerdem hat er eine eindrucksvolle politisch-historische Analyse der Nationalismen und Kriege auf dem Balkan über zwei Jahrhunderte vorgelegt.[66]

Ein letzter Hinweis gilt dem Begleitbuch der BBC zu einer der wohl eindrücklichsten und authentischsten Fernsehdokumentationen zum Zerfall von Jugoslawien. Verfasser sind Laura Silber, Balkankorrespondentin der Financial Times, und Allan Little, Kriegskorrespondent der BBC in Jugoslawien.[67] Besonders hilfreich ist dabei eine zehnseitige Namensliste mit allen politisch Handelnden, die in diesem Konflikt eine wichtige Rolle gespielt haben.[68]

Ich bitte alle anderen geschätzen Kolleginnen und Kollegen sowie die Fachautorinnen und Fachautoren um Nachsicht, dass ich zahlreiche weitere Titel hier nicht würdigen konnte und verweise auf die einschlägigen Jahrgänge der Zeitschriften *Osteuropa* und *Südosteuropa* sowie auf die oben erwähnten Kataloge der Deutschen Nationalbibliothek und der Harvard Library als ertragreiche Quellen für den Einstieg zu weiteren Recherchen.

---

[65] Glenny, Misha: *The Fall of Yugoslavia. The Third Balkan War.* Penguin Books, London/New York u.a. ³2016

[66] Ders. Balkans. *Nationalism, War and the Great Powers, 1804-1999.* Penguin Books London/New York u.a. ²2012.

[67] Silber, Laura/Little, Allan: *The Death of Yugoslavia.* Accompanies the major BBC television series. Penguin Books/BBC Books, London/New York u.a. 1995.

[68] Ebd., S. xii-xxi.

Weitere Bücher von demselben Autor:

TSCHERNOBYL
Die Katastrophe
ISBN 978-3-75280-414-0

SCHACHMATT
Michail Gorbatschow und die letzten Jahre der Sowjetunion
ISBN 978-3-74944-672-8

LENINS ALBTRAUM
Ein Rückblick auf den Zerfall der Sowjetgesellschaft
ISBN 978-3-75283-083-5